게으름에 대한 찬양

옮긴이 송은경
1963년 부산 출생. 서울대학교 영어영문학과를 졸업했다. 『나는 왜 기독교인이 아
닌가』, 『프로방스에서의 1년』, 『레오나르도 다 빈치와 마키아벨리』, 『안데르센 지
중해 기행』, 『상처뿐인 어린 천사 엘렌』, 『라테란의 전설』, 『바나나』, 『러셀 자서
전』, 『커피 이야기』, 『런던통신 1931~1935』 등의 번역서가 있다.

게으름에 대한 찬양

1997년 11월 20일 초판 1쇄 펴냄
2005년 4월 25일 개정판 1쇄 펴냄
2024년 1월 26일 개정판 36쇄 펴냄

지은이 | 버트런드 러셀
옮긴이 | 송은경
펴낸이 | 윤철호
펴낸곳 | (주)사회평론

단행본 총괄 | 이홍
편집 | 석현혜 안지선 조자양
마케팅 | 안은지
제작 | 나연희 주광근
디자인 | 가필드

등록번호 | 제10-876호(1993년 10월 6일)
전화 | 02-326-1182(마케팅), 02-326-1543(편집)
팩스 | 02-326-1626
주소 | 서울시 마포구 월드컵북로6길 56 사평빌딩
e-mail | editor@sapyoung.com
http://www.sapyoung.com

ISBN 978-89-5602-579-7 03330

값 8,800원

게으름에 대한 찬양

In Praise of Idleness

버트런드 러셀 지음　송은경 옮김

사회평론

IN PRAISE OF IDLENESS

여러 주제들에 대하여 제안하고 의논해 준
피터 스펜스에게 이 책을 바칩니다.

서문

이 책에는 정치적 대립 상황에서 간과되기 쉬운 사회 현안들을 여러 측면에서 바라본 글들이 수록되어 있다.

나는 이 글들을 통해 사고든 행동이든 지나치면 위험하다는 것을 강조하고자 한다. 또한 내가 공산주의나 파시즘에 찬성할 수 없는 이유와 특히 그 둘의 공통되는 점들에 동의하지 않는 이유를 밝혔다.

지식의 중요성에 대해선 직접적인 실용성만으로 판단할 게 아니라 폭넓게 생각하는 사고 습관을 함양시키느냐, 아니냐로 판단하자고 주장한다. 이런 식으로 보면 실용성은 많은 경우 오늘날 '무용하다'고 낙인찍힌 것들 중에서 찾아볼 수 있다.

건축과 여러 다양한 사회 문제들, 특히 어린아이들의 복지와 여성의 지위와의 관계를 다룬 글도 있다. 정치와는 멀찍이 떨어진 입장에서 서구 문명의 특징들을 논하고 인류가 곤충에 의해 정복될 가능성을 점쳐본 다음, 마지막으로 영혼의 본질을 논하는 것으로 끝맺었다.

불관용과 편협함, 그리고 방향이 잘못되었다고 하더라도 정력적인 행동은 그것 자체가 존경할 만한 것이라는 믿음으로 인해 세계가 고통 받고 있다는 것이 이 책에 실린 글들을 하나로 묶어 주는 일반 논제다.

따라서 복잡하기 그지없는 현대 사회에 필요한 것은 도그마엔 언제든 의문을 제기하는 마음 자세와 모든 다양한 관점들에 공정할 수 있는 자유로운 정신을 가지고 차분하게 숙고하는 일이다.

이 책에 실린 그 밖의 글들은 일부는 새로 쓴 것도 있고 나머지들은 이미 잡지들에 발표된 것들인데 편집자의 양해하에 다시 실었다.

'게으름에 대한 찬양'과 '현대판 마이더스'는 *Harper's Magazine*에, '이성의 몰락, 니체와 히틀러'는 영국의 *The Political Quarterly* 및 미국의 *The Atlantic Monthly*에 실린 바 있고, '내가 공산주의와 파시즘을 반대하는 이유'는 *The Modern Monthly*에, '현대 사회의 획일성'은 뉴욕의 *The Outlook*(현재의 *The New Outlook*)에 발표되었으며, '무엇을 어떻게 가르쳐야 하는가'는 *The New Statesman and Nation*에서 처음 발표됐다.

역자의 말

인간은 누구나 행복하고자 한다. 그리고 그렇지 못하다고 느낄 때 먼저 자기 자신을 뒤돌아보고 이어 사회를, 역사를, 인류를 돌아보게 된다. 행복의 내용은 사람마다, 시대마다 다르겠지만 사람의 행복을 조건짓는 본질은 지구촌 어느 시대의 인간에게나 공통될 것이기 때문이다.

역사상 그 어느 때보다 조직화된 구조 속에 살고 있는 현대의 우리는 흔히 자신의 무능력과 게으름에서 불행의 원인을 찾기 쉽다. 때문에 '행복해지려면 게을러지라'는 러셀의 처방은 우리를 잠시 어리둥절하게 만든다.

그러나 러셀이 말하는 게으름은 실용주의와 목적 달성주의에 떠밀려 이익만을 추구하고 살아가는 대다수 사람들의 진정한 인간성 회복에 꼭 필요한 여유인 것이다. 『게으름에 대한 찬양』이 발표됐던 1935년 당시 영국에서처럼 오늘날에도 러셀의 주장을 말도 안 되는 궤변이라고 코웃음칠 독자들도 물론 있을 것이다.

러셀의 주장이나 그가 제시하는 해결 방법에 대한 의견 차이는 있겠지만 이 책의 곳곳에서 나타나는 그의 이성적 고뇌와 열렬한 휴머니즘에는 아무도 이의를 제기할 수 없을 것이다. 그의 옛 글이 60여 년이 지난 지금까지도 우리를 감동과 흥분으로 몰아넣을 수 있는 것도 바로 그 때문이다.

TV를 보라. '우리는 지금까지 쉬지 않고 뛰어왔습니다. 이제 여기서 멈출 수는 없습니다'라고 소리 높여 외치고 있다. 하지만 우리는 이제 여기서 멈추어야 한다. 과연 무엇을 위해 헉헉대고 달려가고 있는지, 되돌아보고 성찰해 볼 때다. 그런 다음, 뛰어도 늦지 않다.

1997년 11월
송은경

차례

13   게으름에 대한 찬양

35   무용한 지식과 유용한 지식

53   건축에 대한 몇 가지 생각

69   현대판 마이더스

89   우리 시대 청년들의 냉소주의

103   현대 사회의 획일성

115   인간 대 곤충의 싸움

121   무엇을 어떻게 가르쳐야 하는가

133 이성의 몰락, 니체와 히틀러

159 내가 공산주의와 파시즘을 반대하는 이유

173 사회주의를 위한 변명

207 서구의 문명을 어떻게 볼 것인가

227 금욕주의에 대하여

241 혜성의 비밀

247 영혼이란 무엇인가

게으름에 대한 찬양

In Praise of Idleness

우리 세대 사람들 대부분이 그렇듯 나도 이런 말을 들으며 자라났다.

"사탄은 늘 게으른 손이 저지를 해악을 찾아낸다."

대단히 강직한 아이였던 나는 들은 대로 모두 믿었고 지금 이 순간까지도 열심히 일만 하게 만드는 양심을 가지게 되었다.

하지만 비록 내 양심이 내 '행동'을 지배하고 있다곤 해도 내 '소신'은 그 동안 일종의 혁명을 겪어왔다. 세상에는 너무나 일이 많으며 근로가 미덕이라는 믿음에 의해 엄청난 해악이 발생한다고 생각한다. 그러므로 현대 산업 국가에 필요한 설교는 지금까지 늘 해오던 것과는 전혀 달라야 한다.

나폴리를 여행하다(무솔리니 시대 이전의 일이었다) 햇빛 아래 누워 있는 열두 명의 걸인들과 마주쳤던 여행객 이야기는 모두 알 것이다. 그는 가장 게으른 걸인에게 1리라를 주겠다고 했다. 그 중 열한 명이 벌떡 일어나 자기가 갖겠다고 하자 그는 여전히 누워 있던 열두 번째 걸인에게 돈을 주었다. 이 여행객의 판단은 정확했다.

그러나 지중해의 햇살을 즐길 수 없는 나라에선 게을러진다는 것이 더 어려워서, 게을러지려면 먼저 대대적인 대중 선전이 필요할 판이다. YMCA 지도자들은 내 얘기를 다 읽고 나거든, 아무것도 하지 말아 보라고 선량한 젊은이들에게 캠페인을 시작해 주길 바란다. 그렇게 된다면 나도 헛살진 않은 셈이 될 테니까.

게으름에 대한 나 자신의 생각을 펼치기 전에 나로선 용납할 수 없는 주장 하나를 먼저 짚고 넘어가야겠다. 이미 먹고 살 만큼 벌어 놓은 사람이 학교 선생이나 타이피스트 같은 일상의 직업을 가지겠다고 얘기할라치면, 그런 행위는 다른 사람들의 입에서 빵을 뺏아오는 못된 짓이라는 소리를 흔히 듣게 된다. 이 주장이 타당하다면 우리 모두의 입에 빵을 한가득 넣기 위해선 우리 모두 게을러지는 수밖에 없다.

그러나 그런 얘기를 하는 사람들이 잊고 있는 점이 있다. 사람은 버는 만큼 쓰게 마련이라는 것과 그렇게 소비할 때 고용을 창출하게 된다는 사실이다. 그 사람이 번 돈을 쓰고 사는 한, 돈을 벌 때 다른 사람들의 입에서 가져온 것만큼의 빵을 돈을 쓸 때 사람들의 입에 넣어주는 것이다.

이런 견지에서 본다면 진짜 악당은 수입을 저축하는 사람이다. 속담에 나오는 프랑스 농부처럼 모은 돈을 양말 속에다 집어넣기만 한다면, 그 돈이 고용을 창출하지 못하리란 것은 명백하다. 만일 저축한 돈을 투자한다고 할 경우엔 문제가 그리 간단치 않다.

저축한 돈으로 가장 흔히 하는 일 가운데 하나는, 그 돈을 어느 나라 정부에 빌려 주는 것이다. 그러나 오늘날 대부분의 나라들에서 지나간 전쟁으로 인한 상황이나 앞으로 다가올 전쟁에 대한 준

16

비가 공공 지출의 규모를 좌우하는 것이 현실이란 점을 감안한다
면, 어떤 정부에 돈을 빌려 주는 사람은 셰익스피어의 얘기에 나오
는 살인자를 고용하는 악당과 다름없다. 그 사람의 절약 습관이 돈
을 빌려 준 나라의 군비만 증강시키는 결과를 낳는 것이다. 결국 술
을 마시든가 노름을 하는 한이 있더라도 그 돈을 써버리는 것이 낫
다는 게 분명해진다.

하지만 저축한 돈을 산업체에 투자한다면 경우가 다르지 않느
냐고 말할 사람도 있을 것이다. 물론 투자한 사업들이 성공해서 뭔
가 유용한 것을 생산한다면야 인정해 줄 수도 있을 것이다. 그러나
오늘날 대부분의 사업들이 실패하고 만다는 데 대해선 아무도 부인
하지 못할 것이다.

그것은 결국, 사람들이 유용하게 향유할 수 있는 어떤 것을 생
산하는 데 쓰여질 수도 있었던 막대한 양의 인력이 다 만들어지고
도 누워 잠자는 통에 아무에게도 이익을 주지 못하는 기계들을 생
산하느라 소모되었단 뜻이다. 따라서 망해 가는 사업에 저축한 돈
을 투자하는 사람은 자기 자신뿐 아니라 타인에게까지 해를 주는
셈이다.

이를테면 그가 친구들에게 파티를 열어 주는 데 그 돈을 쓴다
면 (아마도) 그들에게 즐거움을 줄 수 있을 것이고 또한 정육점 주
인이나 빵굽는 사람, 주류 밀조자 같은, 그의 돈이 쓰여지는 곳의
사람들을 기쁘게 해줄 수 있을 것이다.

그러나 어떤 지역의 노면 전차 레일 까는 일에 돈을 투자했는데
나중에 그 지역에선 전차가 별로 필요하지 않은 것으로 드러날 경우
그는 막대한 노동력을 아무에게도 기쁨을 주지 못하는 쪽으로 허비

한 셈이다. 그럼에도 불구하고 투자에 실패해 빈털터리가 된 경우엔 불운에 희생된 사람이란 소리를 듣지만 방탕한 낭비가가 자선 사업 하듯 돈을 쓸 경우엔 멍청하고 실없는 사람 취급을 받게 된다.

지금까지의 얘기는 모두 서두에 불과하다. 내가 진심으로 말하고 싶은 것은 '근로'가 미덕이라는 믿음이 현대 사회에 막대한 해를 끼치고 있다는 것이다. 따라서 행복과 번영에 이르는 길은 조직적으로 일을 줄여가는 일이다.

그렇다면 일이란 무엇인가? 일에는 두 가지가 있다. 먼저, 지표면 혹은 지표면 가까이 놓인 물질을 다른 물질과 자리를 바꿔 놓는 일이다. 또 하나는 타인들에게 그런 일을 하도록 시키는 일이다.

첫번째 종류의 일은 즐겁지 못하고 보수도 박하다. 두 번째의 일은 즐겁고 보수도 높다. 또한 이 일은 무한히 확대될 수 있어서 지시를 내리는 사람들뿐 아니라 어떤 지시를 내려야 할지에 대해 조언해 주는 사람들도 있다. 흔히, 조직화된 두 개의 집단에서 정반대되는 두 가지 조언이 동시에 나오게 마련인데 이게 소위 정치역학이다. 이런 류의 일을 하는 데 요구되는 기능은 어떤 조언을 할 것인가라는 주제에 관한 지식이 아니라 말과 글로써 설득하는 기술, 즉 선전에 관한 지식이다.

미국의 경우는 예외지만 유럽에는 이러한 일을 하는 두 계층보다 존경받고 있는 제3의 계층이 존재한다. 바로 토지를 소유함으로써 남들에게 일할 수 있는 은전을 베푼 대가를 받는 사람들이다. 이러한 지주들은 게으르다. 그러니 잘못하면, 내가 지주들을 찬양하는 것으로 비춰질지 모르겠다. 그러나 그들의 게으름은 불행하게도 타인들의 근면에 의해서만 가능한 것이다. 사실, 안락하게 게으름을 피우고자 하는 그들의 욕망이야말로 역사적으로 볼 때 일해야 한다는 모든 신조가 생겨난 뿌리인 것이다. 다른 사람들이 자신들의 본을 따르는 것이야말로 그들이 상상조차 하기 싫은 일일 것이다.

문명이 시작된 이래로 산업혁명에 이르기까지 대체로, 인간은 열심히 일해도 자신과 가족의 생계에 필요한 정도밖에 생산할 수 없었다. 비록 그의 아내도 남편 못지않게 열심히 일했고 아이들도 나이가 차는 대로 노동력을 보탰겠지만 말이다. 최소한의 필요를 웃도는 작은 양의 잉여물이 생긴다 해도 전사나 사제 집단에게 돌아갔다.

기근이 닥칠 때는 전혀 잉여가 없었음에도 불구하고 다수의 일하는 사람들이 굶어 죽은 반면, 전사와 사제들은 평상시처럼 안전을 보장받을 수 있었다. 러시아에서는 1917년까지 이러한 체제가 존속했고(그 이후에는 공산당원이 전사와 사제들의 특권을 계승했다) 동양에는 아직까지 잔존해 있다. 영국의 경우 산업혁명이 일어났음에도 불구하고 나폴레옹 전쟁 시절까지도 이 체제가 맹위를 떨쳤고 백 년 전, 자본가라는 신흥 계층이 권력을 획득할 때까지 이어졌다. 미국에서는 독립과 함께 이 체제가 종식되었는데 단, 남부에서는 남북전쟁 때까지 존속했다.

이처럼 오래 유지되어 왔고 종식된 지 얼마 안 된 체제이니만큼 그것이 사람들의 사고와 견해에 깊은 흔적을 남겼으리란 것은 당연하다. 우리가 근로의 바람직성과 관련해 당연시 여기고 있는 많은 내용들이 이 체제에서 파생되어 나온 것이다. 따라서 이것들은 산업 사회 이전의 산물이기 때문에 현대 세계에는 적합하지 않다. 현대의 기술은 여가를 소수 특권 계층만의 전유물에서 벗어나 공동체 전체가 고르게 향유할 수 있는 권리로 만들어 주었다. 근로의 도덕은 노예의 도덕이며 현대 세계는 노예 제도를 필요로 하지 않는다.

원시 공동체의 경우, 농부들을 가만히 내버려 두었더라면 얼마 안 되는 잉여를 전사와 사제들에게 나눠 주기보단 차라리 잉여가 생기지 않도록 생산을 줄이거나 소비를 늘렸을 것이다. 처음에, 전사와 사제들은 힘으로 강제하여 농부들을 생산케 하고 잉여를 내놓도록 만들었다. 그러나 시간이 흐르면서 일한 대가의 일부가 놀고 있는 사람들을 부양하는 데로 빠져 나간다 하더라도 열심히 일하는 것이 농부들의 본분이라는 윤리를 받아들이도록 유도할 수 있음을 깨달았다. 이 방법을 쓰게 되자 강제력을 쓸 일이 적어지고 따라서 지배에 드는 비용도 줄어들었다.

오늘날까지도 왕이 근로자보다 더 많은 수입을 올려선 안 된다고 주장하면 영국의 임금 생활자의 99퍼센트가 아마 큰 충격을 받을 것이다. 의무란 개념은 역사적으로 볼 때 권력을 가진 자들이 그렇지 못한 자들에게 자기 자신의 이익이 아니라 주인의 이익을 위해 살도록 유도하는 수단으로 이용되어져 왔다.

물론 권력을 가진 자들은 자신들의 이익과 인류 전체의 이익은 동일하다고 억지로 믿음으로써 스스로에게도 이 사실을 은폐한다. 그러한 믿음이 진실인 경우도 있긴 하다. 예를 들어 노예를 거느렸던 아테네인들은 여가의 일부를 바쳐 영원히 문명에 남을 공헌을 했다. 공정한 경제 체제하에서였다면 그 같은 공헌은 불가능했을 것이다.

여가란 문명에 필수적인 것이다. 예전에는 다수의 노동이 있어야만 소수의 여가가 가능할 수 있었다. 그러나 다수의 노동이 가치 있는 이유는 일이 좋은 것이어서가 아니라 여가가 좋은 것이기 때문이었다. 이제 현대 사회는 기술의 발전으로 문명에 피해를 주지 않고도 얼마든지 공정하게 여가를 분배할 수 있게 되었다. 현대의 기술은 만인을 위한 생활 필수품을 확보하는 데 필요한 노동의 양을 엄청나게 줄였다.

이 점은 전시(戰時)에 분명하게 드러났다. 그때는 군대에 몸담은 모든 남자들, 군수품 생산에 종사하는 사람들, 스파이 활동 및 전쟁 선전에 관여하는 사람들, 혹은 전쟁 관련 일을 담당하는 정부 기관들이 모두 생산적인 일에서 손을 떼고 있었다.

그럼에도 불구하고 연합국측 미숙련 임금 노동자들의 물질적 복지 수준은 전쟁 전 혹은 전쟁 이후보다 훨씬 높았다. 그러나 이처럼 중요한 사실은 재정에 의해 은폐되어졌다. 차용이란 방법을 통해 마치 미래가 현재를 살찌우고 있는 듯 보이게 만들었던 것이다. 하지만 그것은 당연히 불가능한 일이었다. 어떻게, 아직 존재하지도 않은 빵 덩어리를 먹고 살 수 있겠는가.

생산을 과학적으로 조직하면 현대 세계는 노동력 중의 작은 일부만으로도 사람들을 아주 편안하게 지내게 할 수 있다는 것을 전쟁은 결정적으로 보여 주었다. 당초 사람들을 전투와 군수 노동에 투입할 목적으로 생겨난 그 같은 과학적 조직이 만일 전쟁이 종식된 후에도 계속 유지되었더라면 노동 시간을 4시간으로 줄이고도 모두들 행복하게 살 수 있었을 것이다.

그러나 실제 상황은 옛 혼란으로의 복귀였다. 일하는 사람들은 장시간 일을 해야만 했고 나머지 사람들은 일자리가 없어 굶어죽게 방치되었다. 왜? 일은 의무이므로, 사람은 그가 생산한 것에 비례해 임금을 받는 것이 아니라 근면성으로 대표되는 그의 미덕에 비례해 임금을 받아야 하기 때문이다. 이것이야말로 노예 국가의 도덕임에도 불구하고 그것이 생겨난 상황과는 전혀 다른 상황에 그대로 적용되고 있었다. 그러니 결과가 비참한 것은 당연할 수밖에.

예를 하나 들어보자. 어떤 시점에서 일정한 수의 사람이 핀 만드는 공장에서 일하고 있다고 가정해 보자. 그들은 하루 (이를테면) 8시간 일해서 세상에 필요한 만큼의 핀을 만들어 낸다. 그때 누군가가 같은 인원으로 전보다 두 배의 핀을 만들어 낼 수 있는 기계를 발명한다. 그러나 그 세계에선 핀을 두 배씩이나 필요로 하지 않을뿐더러 이미 핀 값이 너무 떨어져서 더 이상 낮은 가격으론 팔 수도 없다.

이때 지각 있는 세상이라면 핀 생산에 관계하는 모든 이들의 노동 시간을 8시간에서 4시간으로 조정할 것이고 그렇게 되면 모두 종전처럼 잘 굴러갈 것이다. 그러나 실제 우리 세계에서 그렇게 했다간 풍속 문란 행위쯤으로 여길 것이다. 노동자들은 여전히 8시간씩 일하고, 핀은 자꾸자꾸 남아돌고, 파산하는 고용주들이 생겨나고, 과거 핀 제조에 관계했던 인원의 절반이 직장에서 내쫓긴다.

결국 모두 4시간씩 일했을 때 나올 수 있는 만큼의 여가가 창출된 셈이다. 그러나 인력의 절반이 완전히 손놓고 노는 동안 나머지 절반은 여전히 과로에 시달려야 한다. 이런 방식으로 불가피하게 생긴 여가는 행복의 원천이 되기는커녕 온 사방에 고통을 야기시킬 뿐이다. 이보다 더 정신나간 짓을 상상할 수 있겠는가?

가난한 사람들도 여가를 가져야 한다는 생각은 부자들에겐 언제나 충격이었다. 19세기 초 영국에서는 남자의 평일 근로 시간이 15시간이었다. 아이들도 하루 12시간씩 일하는 게 보통이었고 어른만큼 일하는 경우도 있었다. 노동 시간이 약간 긴 것 같다고, 참견하기 좋아하는 사람들이 주제넘게 제의했을 때 되돌아온 대답은, 일이 어른들에겐 술을 덜 먹게 하고 아이들에겐 못된 장난을 덜 하게 만들어 준다는 것이었다.

내가 어렸을 때, 도시 근로자들이 막 투표권을 따낸 직후였는데 몇몇 공휴일이 법으로 정해지자 상류층에서 대단히 분개했다. 나는 한 늙은 공작부인이 한 말을 아직도 기억한다.

"가난뱅이들이 휴일에 뭘 한다는 거지? 그 사람들은 '일'을 해야만 한다구."

오늘날의 사람들은 그보단 덜 노골적이지만 그 정서는 그대로 남아 경제적 혼란의 뿌리가 되고 있다.

여기서 잠시 근로의 윤리에 대해 미신을 떨쳐 버리고 진솔하게 생각해 보기로 하자. 모든 인간은 일생을 살아가면서 필연적으로 노동의 결과물을 일정량 소비하게 되어 있다. 노동이란 것을 전반적으로 불쾌한 것으로 여긴다면, 자신이 생산하는 것 이상으로 소비한다는 것은 부당한 일이다. 물론, 의료인처럼 상품 대신 서비스를 제공하는 이들도 있다. 그러나 이들 역시 먹고 자는 데 따르는 대가로 뭔가를 제공해야만 한다. 이 정도 선이라면 근로의 의무를 받아들여 마땅하다. 그러나 오직 이 정도까지만이다.

소련을 제외한 모든 현대 사회에는 이와 같은 최소한의 일조차도 피해 가는 사람들, 다시 말해 돈을 상속 받은 이들이나 돈과 결혼하는 이들이 많이 있다는 사실에 대해선 굳이 파고들고 싶지 않다. 이 사람들에게 게으름이 허용되는 것이 임금 노동자들은 과로하든가 굶어죽게 되어 있다고 여기는 것만큼 해로운 것이라곤 생각되지 않는다.

만일 사회를 현명하게 조직해서 아주 적정한 양만 생산하고 보통 근로자가 하루 4시간씩만 일한다면 모두에게 충분한 일자리가 생겨날 것이고 실업이란 것도 없을 것이다. 이러한 생각은 부자들에겐 충격이다. 가난한 사람들은 그렇게 많은 여가가 주어지면 어떻게 사용할지도 모를 것이라고 믿고 있기 때문이다.

미국 사람들은 흔히 부자가 된 후에도 장시간씩 일한다. 그런 사람들은 당연히 임금 노동자들에게 여가를 준다는 생각에 분개한다. 실업이라는 가혹한 벌이 내려진 경우만 제외하고 말이다. 실제로 그들은 자기 아들들이 여가를 누리는 것조차 싫어한다. 대단히 기묘한 일은 아들들에겐 제대로 배울 시간조차 없을 정도로 열심히 일하길 바라면서도 아내나 딸들이 일하지 않는 데 대해선 전혀 신경을 쓰지 않는다는 점이다. 신사인 양하며 실용성 없는 것을 예찬하는 이 같은 태도는 귀족주의 사회에서는 남녀 모두에게 적용되었고 금권주의 사회에서는 여성에게 국한되었다. 그러나 이제 이러한 태도는 더 이상 용납될 수 없는 것이다.

여가의 현명한 이용은 문명과 교육에 의해 가능하다. 평생 동안 장시간 일해 온 사람이 갑자기 일을 하지 않게 된다면 따분해질 것이다. 그러나 사람은 상당한 양의 여가 없이는 최상의 많은 것들로부터 차단된다. 수많은 사람들이 이 같은 박탈을 겪어야 할 이유는 이제 더 이상 없다. 다만 우매한 금욕주의—그나마 자기는 지키지 않으면서 남에게나 강요하는 —가 우리로 하여금 더 이상 필요하지 않은 과도한 노동을 주장케 할 뿐이다.

러시아 정부를 지배하는 신강령에는 서구의 전통적 가르침들과 전혀 딴판인 것도 많지만 여전히 변하지 않은 것들도 있다. 지배 계층들, 특히 노동의 존엄성에 대해 교육 선전하는 일을 담당하는 계층의 태도는 세계의 지배 계층들이 소위 '징직한 무산자' 들에게 늘상 설교해 온 것과 거의 똑같다. 근면하라, 절주하라, 먼 장래의 이익을 위해 장시간 일하려는 의욕을 가져라, 심지어는 당국에 순종하라는 것까지. 하나같이 재등장한 것들이다. 게다가 당국이 '우주의 지배자 — 지금은 '변증법적 유물론' 이란 새 이름으로 불려진다는 점만 다를 뿐 — 의 의지를 대표한다고 주장하는 점도 똑같다.

러시아에서 프롤레타리아의 승리는 일부 다른 나라들에서의 페미니스트의 승리와 몇 가지 일치하는 면이 있다. 오랜 세월 남자들은 여성의 숭고함이 우위에 있다고 인정해 왔고 권력보다도 더 바람직한 것이라고 주장하며 여성들의 열세를 위로해 왔다. 그러나 마침내 페미니스트들은 권력과 숭고함, 그 둘 다 갖기로 작정했다. 남자들이 정조의 바람직성에 대해 얘기해 온 것은 믿겠지만 정치 권력의 무가치성에 대해서는 믿지 못하겠다고 생각한 페미니스트 선구자들이 있었던 것이다.

러시아에서도 육체 노동과 관련해 비슷한 일이 일어났다. 오랜 세월 부자들과 그 추종자들은 '정직한 노동' 을 칭찬하는 글을 써왔다. 소박한 생활을 예찬했고, 부자들보다 가난한 자들이 천국에 갈 가능성이 더 높다고 가르치는 종교를 공언해 왔으며, 물질의 공간적 위치를 변화시키는 일에는 특별한 고귀함이 있다고 육체 노동자들로 하여금 믿게 만들려고 애써왔다.

이것은 남자들이 여자들을 성적 노예 상태에 놓아 두면서 거기에는 뭔가 특별한 고귀함이 있다고 생각하게 만들려고 애써온 것과 똑같다. 러시아에서는 육체 노동의 훌륭함에 관한 모든 가르침이 진지하게 받아들여졌고 결국 다른 누구보다도 육체 노동자가 존경받는 데까지 이르렀다. 근본적으로 보자면 복고주의적인 주장을 반복하고 있는 것이지만 목적은 구시대와 달랐다. 규정량 이상의 생산 실적을 올리는 특수 작업대(隊)로 하여금 특정한 과업을 수행케 하기 위한 것이었다. 육체 노동이야말로 이상적인 것이라고 젊은이들에게 가르치고 있으며 그것이 모든 윤리적 가르침의 기초가 되고 있다.

이러한 움직임은 당분간 문제가 없을 것이다. 천연 자원이 풍부한 커다란 땅덩이가 개발을 기다리고 있고 게다가 대외의 신용 대출도 거의 받지 못하는 상태에서 개발해야 하기 때문이다. 이러한 상황에서는 열심히 일하는 것이 꼭 필요하고 그 결과 큰 보상을 받을 수도 있다. 하지만 장시간 노동하지 않고도 만인이 편안할 수 있는 선에 이르렀을 때 어떤 일이 벌어질 것인가?

서구에선 이 문제를 해결할 방법이 여러 가지가 있다. 우리는 경제적 정의를 이룩할 생각이 전혀 없기 때문에 전체 생산물의 많은 부분이 일하지 않는 소수의 사람들에게 돌아가게 된다. 생산을 통제하는 중앙 기관이 없으므로 필요하지도 않은 물건들이 대량 생산된다. 결국 우리는 많은 노동 인구들을 놀게 만든다. 그들의 무노동은 다른 노동자들의 과도한 노동으로 보충할 수 있기 때문이다.

이 모든 방법들이 부적합하다고 판명될 경우에는 전쟁을 일으킨다. 많은 사람들에게 고성능 폭발물을 만들게 하고 또 다른 많은

26

사람들에겐 마치 방금 폭죽을 발견한 아이들처럼 신나게 터뜨리게 만든다. 이 모든 장치들을 조합함으로써 우리는 어렵긴 하지만 용케 하나의 관념을 지켜갈 수 있다. 극심한 육체 노동을 많이 하는 것이 보통 사람의 운명임에 틀림없다는 관념 말이다.

러시아의 경우, 보다 나은 경제적 정의가 존재하고 중앙에서 생산을 조정하기 때문에 이 문제도 다른 방식으로 풀어내야만 한다. 생활 필수품과 기초 편의용품을 모두에게 제공할 수 있는 수준이 되면 노동 시간을 점차적으로 줄여나가는 것이 합리적인 해결책일 것이다. 또한 여가를 더 원하는지, 상품을 더 원하는지, 각 단계마다 국민 투표로 결정해야 한다.

그러나 근로의 미덕이 최고라고 가르쳐 왔기 때문에 당국이 풍부한 여가를 즐기면서 일을 적게 해도 되는 파라다이스를 지향할 거라고 보긴 힘들다. 차라리, 미래의 생산력을 위해 현재의 여가를 희생하게 만드는 새로운 시책들을 계속 만들어 낼 가능성이 더 크다.

나는 최근 러시아 기술자들이 내놓은 한 교묘한 계획에 관한 글을 읽었다. 카라 해를 가로지르는 댐을 건설해서 백해와 시베리아 북부 연안을 온난하게 만들겠다는 내용이었다. 경탄할 만한 프로젝트긴 하지만 아마도 프롤레타리아의 편의는 한 세대 뒤로 연기되어질 것이고 북극해의 동토와 눈보라 속에서 숭고한 노역이 과시될 것이다. 만일 이런 일이 일어난다면 그것은 근로의 미덕이 더 이상 필요하지 않게 된 사태를 해결하기 위한 수단이라기보다는 근로의 미덕 그 자체를 목적으로 여긴 결과일 것이다.

사실 물질을 이동시키는 작업이 우리의 생존에 필요한 것이긴 하지만 인간 생활의 목적이라고까지 강조될 필요는 없다. 만일 그렇다면 셰익스피어보다 인부 한 사람이 더 뛰어나다고 해야 할 것이다. 이 문제에 있어 우리는 두 가지 동기로 인해 오도되어 왔다. 하나는 가난한 사람들의 마음을 편하게 해주어야 할 필요성이다. 이 때문에 부자들은 수천 년에 걸쳐 노동의 존엄성을 역설해 왔다. 자신들은 그 부분에서 존엄하지 않아도 되도록 애써 배려하면서 말이다. 또 다른 이유는, 우리가 지구상에 일으키는 매우 멋진 변화들에서 기쁨을 느끼도록 만드는 메커니즘에 있다. 그러나 이 두 가지 동기 중 어느 것도 실제로 일하는 사람에겐 아무런 호소력이 없다. 노동자에게 "당신이 인생에서 제일 좋아하는 게 뭐요?" 하고 물었을 때 다음과 같이 대답할 가능성은 거의 없다.

"나는 육체 노동을 즐긴다. 그것은 내가 인간의 가장 고귀한 임무를 수행하고 있다고 느끼게 하기 때문이다. 또한 인간이 이 지구를 얼마만큼 변화시킬 수 있을까 생각하면 즐겁기 때문이다. 내 몸이 주기적인 휴식을 요구하는 건 사실이므로 최선을 다해 채워 넣어야 하겠지만, 아침이 오고 내게 만족감을 불러일으키는 노고의 현장으로 다시 돌아갈 때만큼 행복한 순간은 없다."

노동하는 사람들이 이런 식으로 말하는 것을 나는 한 번도 듣지 못했다. 그들은 일을 생계에 필요한 수단으로만 생각할 뿐이다. 그리고 그들이 어떤 것이든 행복감을 느낀다면 그것은 바로 여가에서 나오는 것이다. 잠깐의 여가야 즐겁겠지만 하루 24시간 중 4시간만 작업하게 된다면 그들은 하루하루를 어떻게 채워야 할지 모를 것이라고 말할 수도 있으리라. 그러나 만일 현대 세계에서 그 말이 사실이라고 한다면 그것은 우리의 문명을 모욕하는 것이다. 과거 그 어느 시대에도 사실이 아니었기 때문이다.

과거에는 속편하게 노는 것에 대한 수용력이 있었다. 그러나 능률 숭배로 인해 그러한 부분은 사라져 버렸다. 현대의 인간은 모든 일이 다른 어떤 목적을 위해 행해져야 한다고 생각하며 그 자체를 목적으로 일하는 법이 없다. 예를 들어 진지한 사람들은 영화 보러 가는 습관에 대해 끊임없이 비난하며 그런 버릇은 젊은이들을 범죄로 이끈다고 말한다. 그러나 또 한편으론 영화를 만드는 노동은 훌륭한 것이라고 한다. 왜냐하면 그것은 일이기 때문에, 또한 돈을 벌게 해주기 때문에.

이익을 가져오는 것만이 바람직한 행위라는 관념이 모든 것을 뒤바꿔 버렸다. 당신에게 고기를 제공해 주는 정육점이나 빵을 제공하는 빵집 주인은 칭찬받아 마땅하다. 그들은 돈을 벌고 있기 때문이다. 그러나 그들이 제공해 준 음식을 즐길 때의 당신은, 일하는 데 필요한 힘을 내기 위해 먹지 않는 한 불성실한 일을 하고 있는 것이다.

노골적으로 말하자면, 돈을 버는 것은 선이고 돈을 쓰는 것은 악이란 얘기다. 그 두 가지가 거래의 양 측면이란 점을 생각할 때 그 같은 얘기는 모순이다. 차라리 열쇠는 선이고 열쇠 구멍은 악이라고 말하는 편이 나을 것이다. 물품 생산에서 나온 가치가 어떤 것이든 그것은 그 물품을 소비하는 행위에 의해 획득된 이익에서 나온 것임에 틀림없다.

우리 사회에서 개인은 이윤을 위해 일한다. 그런데 그가 하는 일의 사회적 목적은 생산한 것을 소비하는 데 있다. 생산의 개인적 목적과 사회적 목적 사이의 이 같은 분리야말로 이윤 창출이 산업을 자극하는 세계에 사는 사람들로 하여금 명쾌한 사고를 하기 어렵게 만드는 주요인이다. 우리는 생산에 관해선 너무 많이 생각하고 소비에 대해선 너무 적게 생각한다. 그 결과로 우리는 즐거움의 향유나 소박한 행복에는 별 중요성을 두지 않으며 생산을 그것이 소비자에게 주는 기쁨에 근거해 판단하지 않는다.

노동 시간을 4시간으로 줄여야 한다고 해서 나머지 시간이 반드시 불성실한 일에 쓰여져야 한다는 뜻은 아니다. 내 얘기는 하루 4시간 노동으로 생활 필수품과 기초 편의재를 확보하는 한편, 남는 시간은 스스로 알아서 적절한 곳에 사용하도록 되어져야 한다는 뜻이다. 현재보다 더 많은 교육이 이루어지고 그 교육의 목표에 여가를 현명하게 사용하는 데 필요한 안목을 제공하는 항목이 들어 있어야 한다는 것은 어느 사회에서나 필수적이다. 나는 지금 소위 '지식인'으로 만드는 따위를 염두에 두고 있는 것은 아니다.

농부들의 무도회는 외진 시골 지역들을 제외하곤 사라져 버렸지만 그들을 도야시켜 주던 그 충동은 여전히 인간의 본성 속에 남아 있음에 틀림없다. 도시 사람들의 즐거움은 대체로 수동적인 것으로 되어 버렸다. 영화를 보고, 축구 시합을 관전하고, 라디오를 듣고 하는 식이다. 이렇게 된 것은 그들의 적극적인 에너지들이 모조리 일에 흡수되어 버리기 때문이다. 여가가 더 있다면, 그들은 과거 적극적인 부분을 담당하며 맛보았던 즐거움을 다시 누리게 될 것이다.

과거에는 여가를 즐기는 계층은 소수였고 일하는 계층은 다수였다. 유한 계층이 누리는 편의는 사회 정의란 측면에서 볼 때 완전히 잘못된 것이었다. 그 결과 유한 계층은 압제적으로 되어갔고 자기들만의 공감대 내로 좁혀지고, 특권을 정당화하기 위한 논리들을 만들어 내야 했다. 이 같은 점들은 이 계층의 우수성을 상당히 위축 시켰다.

그러나 이러한 장애에도 불구하고 이 계층은 이른바 문명이란 것을 담당하는 공헌을 했다. 예술을 발전시키고 과학적 발견들을 이루었다. 책을 쓰고, 철학을 탄생시키고, 사회적 관계들을 세련시 켰다. 억압받는 자들의 해방 운동조차도 흔히 위로부터 일어난 것 이었다. 유한 계층이 없었더라면 인류는 결코 야만 상태에서 벗어 나지 못했을 것이다.

그러나 아무런 의무를 지우지 않은 채 유한 계층을 대대로 세 습하는 것은 엄청난 낭비다. 이 계층의 구성원 그 누구도 근면하라 고 가르쳐지지 않았으며, 그렇다고 이 계층이 전반적으로 유별나게 똑똑한 것도 아니었다. 이 계층에서 어쩌다 다윈 같은 사람이 하나 나왔다 하더라도 그 뒤에는 여우 사냥이나 하고 밀렵자를 벌 주는 일 이상의 지적인 일에 대해선 생각조차 해본 적도 없는 시골 신사 들이 수만 명이나 있었던 것이다.

현대에서는 대학이란 곳에서 유한 계층이 어쩌다 우연히 부산 물로 제공하던 것을 보다 체계적으로 제공해 준다. 이것은 커다란 발전이긴 하지만 그러나 여기에도 몇 가지 장애물이 있다. 대학 생 활은 대체적으로 세상살이와 너무도 다르기 때문에 평범한 남녀들 이 어떤 일에 몰두해 있는지, 어떤 문제를 가지고 있는지에 대해 학 문적 '환경'에서 사는 사람들은 모르는 경우가 허다하다. 나아가 본래 그들은 일반대중에게 영향력을 행사해야 함에도 불구하고 그 표현방식으로 인해 영향력이 사라져 버리는 경우가 많다.

또 하나 문제점은 대학의 연구 작업들이 조직화되어 있어서 다소 독창적인 연구 방법을 생각하는 사람을 좌절시키기 쉽다는 것이다. 따라서 학문 기관들이 나름대로 유용한 면도 있긴 하지만 대학바깥의 모든 이들이 여가를 즐기는 비실용적인 것을 추구하느라 바쁜 세상이 오면 문명의 이익을 지키는 수호자로 적합치 않을 것이다.

누구도 하루 4시간 이상 일하도록 강요받지 않는 세상에서는 과학적 호기심에 사로잡힌 사람이라면 누구든 그 호기심을 맘껏 탐닉할 수 있을 것이고, 어떤 수준의 그림을 그리는 화가든 배곯지 않고 그림을 그릴 수 있을 것이다. 또한 젊은 작가들은 기념비적인 대작을 내는 데 필요한 경제력을 확보할 요량으로 감각적인 작품을 써서 주의를 끌어보려 하지 않아도 될 것이다. 사실, 마침내 대작을 쓸 수 있을 만한 상황이 되었을 때는 이미 취향과 재능이 달아나고 없는 경우가 대부분이다.

직업상 경제나 정치에 관심을 가지게 된 사람은 학문과의 교류를 통해 자신의 생각을 발전시켜 나갈 수 있을 것이다. 그러한 교류가 없을 경우 대학에 몸담은 경제학자들의 작업은 현실감을 상실하기 쉽다. 의료인들에겐 발전한 의학을 배울 수 있는 시간이 주어질 것이고, 교사들은 젊을 때 배운, 따라서 그 사이 이미 사실이 아닌 것으로 변해 버렸을 지식들을 틀에 박힌 방법으로 가르치느라 분투하지 않아도 될 것이다.

그러나 무엇보다도 인생의 행복과 환희가 충만할 것이다. 신경쇠약과 피로와 소화불량증 대신에 말이다. 필요한 일만 함으로써 기력을 소모하는 일 없이 여가를 즐겁게 보낼 수 있을 것이다. 따라서 여가 시간에 지쳐 버리는 일은 없을 것이므로 사람들은 수동적이고 무기력한 류의 오락거리들만 찾진 않을 것이다. 적어도 1퍼센트는, 직업상의 일에 써 버리지 않은 시간을 뭔가 유용한 것을 추구하는 데 바칠 것이다. 또한 그러한 일들은 그들의 생계와 관련된 것이 아니기 때문에 독창성이 방해받는 일은 없을 것이며, 나이 많고 박식한 사람들이 만들어 놓은 표준에 맞출 필요도 없을 것이다.

그러나 여가의 좋은 점은 이러한 예외적인 경우에서만 확인되는 것은 아니다. 행복한 생활의 기회를 가지게 된 평범한 남녀들은 보다 친절해지고, 서로 덜 괴롭힐 것이고, 타인을 의심의 눈빛으로 바라보는 일도 줄어들 것이다. 또한 전쟁을 일으키게 되면 모두가 장시간의 가혹한 노동을 해야 할 것이므로 전쟁 취미도 사라질 것이다.

모든 도덕적 자질 가운데서도 선한 본성은 세상이 가장 필요로 하는 자질이며 이는 힘들게 분투하며 살아가는 데서 나오는 것이 아니라 편안함과 안전에서 나오는 것이다.

현대의 생산 방식은 우리 모두가 편안하고 안전할 수 있는 가능성을 열어 놓았다. 그런데도 우리는 한쪽 사람들에겐 과로를, 다른 편 사람들에겐 굶주림을 주는 방식을 선택해 왔다. 지금까지도 우리는 기계가 없던 예전과 마찬가지로 계속 정력적으로 일하고 있다. 이 점에서 우리는 어리석었다. 그러나 이러한 어리석음을 영원히 이어나갈 이유는 전혀 없다.

무용한 지식과 유용한 지식

'Useless' Knowledge

자신의 친구들을 배신함으로써 명예의 자리에 올랐던 프란시스 베이컨은 당연히 경험에서 나온 원숙한 가르침의 하나겠지만 '지식은 힘이다'라고 단언했다.

그러나 이 이야기가 '모든' 지식에 적용되는 것은 아니다. 토마스 브라운 경은 사이렌(그리스 신화에 나오는 바다 요정―역주)들이 무슨 노래를 불렀을까 알고 싶어했지만 그가 그 내막을 확인했다 하더라도 그 지식 덕에 치안 판사에서 시작해 최고 집정관에까지 이른 건 아니었다.

베이컨이 염두에 두었던 지식의 종류는 이른바 과학적 지식이란 것이었다. 과학의 중요성을 부각시켰다는 점에서 그는 아랍과 중세 초의 전통을 뒤늦게 재개했던 셈이다. 그 시대의 지식은 주로 점성학, 연금술, 약물학과 같이 모두 과학이라는 나무에서 뻗어 나온 한 가지인 학문들로 이루어져 있었다.

학자란 이러한 학문들을 완전히 익히고 난 후 불가사의한 능력을 획득한 사람이었다. 11세기 초, 교황 실베스테르 2세는 그가 많은 책을 읽었다는 것 외엔 아무 근거도 없이 악마와 통하는 마법사로 널리 알려졌다. 셰익스피어 시절 단순한 공상가에 불과했던 프로스페로는 적어도 그의 마법의 힘과 관련해서는 수세기에 걸쳐 일반적으로 인정되어 온 학자 개념을 대표했다. 베이컨은 과학이 옛시대 마술사들이 꿈꿔 왔던 그 어느 것보다도 강력한 마술 지팡이를 제공해 줄 수 있다고 믿었다.

영국의 경우 베이컨 시대에 최고 절정에 달했던 르네상스는 실용적 개념의 지식에 대한 반항을 포함하고 있었다. 그리스인들은 호머를 즐겼기 때문에 자신들이 공부하고 있다는 생각 없이 우리가 음악을 대하듯 호머의 시와 친근하게 지냈다.

그러나 16세기로 들어서면서 사람들은 매우 상당한 언어 지식을 갖추지 않고선 호머를 이해할 수 없게 되었다. 사람들은 그리스인들을 숭배했고 그리스인들의 즐거움으로부터 차단되는 것을 원치 않았다. 그래서 그들은 고전을 읽거나 기타 별로 떳떳하지 못한 방법들로 그리스 작품들을 모방했다.

르네상스 시대에는 배우는 것이 술을 마시거나 사랑하는 행위와 마찬가지로 '삶의 기쁨(joie de vivre)'의 하나였다. 이것은 문학뿐 아니라 보다 엄격한 학문에서도 마찬가지였다. 홉스가 처음 유클리드를 접했을 때의 이야기는 모두 알고 있을 것이다. 우연히 그 책을 펼치게 된 그는 피타고라스의 정리를 보고 "맙소사, 말도 안 돼."라고 외쳤다. 그러나 거꾸로 증명들을 읽어나가다 그 공리들에 다시 이르렀을 때 마침내 믿을 수 있게 되었다. 그에겐 그 순간이 순수한 환희의 절정이었을 거란 점을 아무도 의심하지 못할 것이다. 비록 그것이 측량 분야에 이용할 수 없는 지식이라 해도.

르네상스가 신학과 관련하여 고대 언어의 실질적 용도를 찾아낸 것은 사실이다. 고대 라틴어를 새롭게 이해하게 된 결과 나타난 첫번째 현상은 위조된 교황 이시도루스 법령집 및 콘스탄티누스 대제의 기증장(교황 실베스테르 1세에게 준 것이라 주장되었음 —역주)의 명성이 추락한 일이었다. 불가타(성 제로메가 4세기 말에 라틴어로 번역한 성서—역주)와 셉투아긴타(그리스어로 번역된 가장 오래된 구약성서—역주)에서 부정확한 곳들이 발견되면서 그리스어와 히브리어는 신교 목사들의 토론에 필수적인 능력이 되었다.

스튜어트 왕조에 저항하는 청교도와 교황에 대한 충성을 벗어던진 군주들에 저항하는 예수회는 자신들의 행동을 정당화하기 위해 그리스와 로마의 공화주의자들이 말한 격언들을 끌어들였다. 그러나 이 모든 것들은 고전 배우기 운동이 부활된 원인이라기보다는 결과라고 할 수 있다. 고전 배우기는 루터보다 거의 1세기 앞서 이탈리아에서 이미 꽃피워졌던 운동이었다. 르네상스의 주요 동기는 무지와 미신이 지성의 눈을 가린 사이에 놓쳐 버렸던 예술과 사색에 깃든 풍요와 자유의 회복에서 오는 정신적 기쁨이었다.

그리스인들은 철학, 기하학, 천문학과 같은, 순수하게 문학적이거나 예술적이지 않은 문제들에도 관심을 기울였다. 따라서 이 학문들은 존중되었지만 다른 과학들은 그렇지 못했다.

의학이 히포크라테스와 갈렌의 이름에 힘입어 어느 정도 위엄을 갖춘 건 사실이지만 시간이 흐르면서 대부분 아랍인과 유대인들에게 국한되었고 결국 빠져 나올 수 없을 정도로 마법과 얽혀 버렸다. 파라켈수스 같은 사람들이 수상스러운 평판을 받게 된 이유도 여기에 있었다. 화학은 훨씬 더 고약한 냄새를 풍기는 것으로 여겼기 때문에 18세기가 될 때까지 존경을 받기란 거의 불가능했다.

이렇게 해서 그리스어 및 라틴어에다 기하학과 약간의 천문학까지 곁들여 알고 있는 것이 신사의 지적 소양으로 여겨지게 되었다. 그리스인들은 기하학의 실제적 응용을 경멸했기 때문에 쇠퇴기로 접어들었을 때야 겨우 점성술을 가장해 천문학의 용도를 찾아낼 수 있었다.

16세기 및 17세기의 수학 연구는 옛 그리스인들과 마찬가지로 실리와는 전혀 상관없이 이루어지는 것이 일반적이었으며, 또한 그 시대에는 마법과 연루되었다는 이유로 이미 강등되어 있던 과학 분야들을 무시하는 경향이 있었다.

18세기를 거치면서 점진적으로 폭넓고 실용적인 지식 개념으로 나아가고 있던 변화가 갑작스럽게 가속화되기 시작한 것은 세기 말에 일어난 프랑스 혁명과 기계의 발달이 원인이었다. 프랑스 혁명이 신사 문화에 일격을 가하는 한편, 기계의 발달은 비신사적인 기능이 발휘될 수 있는 새롭고도 놀라운 영역을 제공해 주었던 것이다. 그후 백오십 년을 거쳐오는 동안, 사람들은 '무용한' 지식의 가치에 대해 점점 더 의문을 제기하게 되었고, 반면에 공동체의 경제적 삶에 적용할 수 있는 것만이 가치가 있는 유일한 지식이라는 믿음이 점차 확산되었다.

이러한 실용주의적 지식관은 전통적인 교육 제도가 존재하는 프랑스와 영국에서는 부분적으로만 받아들여졌다. 예를 들어 대학에서 중국 고전을 읽는 중국어 교수들은 근대 중국을 일으킨 손문의 저작들은 알지도 못한다. 그리스의 알렉산더나 로마의 네로에 이르기까지 고대 역사에 훤하면서도 그보다 훨씬 더 중요한 후대 역사에 대해선 그것을 기술한 사가가 문학적으로 뒤떨어진다는 이유만으로 알고 싶어하지 않는 이들도 있다.

그러나 프랑스와 영국에서도 옛 전통은 사라져가고 있으며 러시아나 미국보다 현대적인 나라들에서는 완전히 종적을 감추었다. 예를 들어 미국 교육위원회에서는 업무상의 통신문에 사용하는 어휘는 1천 5백 개에 불과하다고 지적하면서 학교 교육 과정에서 그 외의 단어들을 피하는 것이 좋다는 의견을 내놓기도 했다. 영국에서 내놓은 기초 영어는 한술 더 떠서 필수 어휘를 8백 개로 줄여 놓았다. 미적 가치를 담아내는 것으로서의 말의 개념은 사라져가고 실제적인 정보를 전달하는 것이 말의 유일한 목적이라는 생각이 확산되고 있다.

러시아의 경우 실용적인 목표를 추구함에 있어 미국보다 훨씬 더 적극적이다. 교육 기관에서 가르쳐지는 모든 것들이 교육이나 통치상의 목적에 이바지해야만 한다. 유일하게 탈출구가 허용되어 있는 것은 종교에 준하는 맑시즘뿐이다. 성스러운 성전들은 독일어 원본으로 연구해야 하기 때문이다. 또한 부르주아 형이상학의 비판에 맞서 변증법적 유물론을 변호하기 위해서 일부 교수들은 철학도 배워야만 한다. 하지만 국가의 정통성이 보다 확고하게 자리잡혀감에 따라 이러한 미미한 탈출구조차도 봉쇄될 것이다.

이제 지식은 그 자체로 좋은 것, 혹은 폭넓고 인간적인 인생관을 세우는 수단이라기보다는 단순히 전문적 기능으로 여겨지게 되었다. 이 같은 현상은 과학 기술과 군사적 필요에 의해 야기된 사회 통합의 일부일 뿐이다. 정치와 경제간의 상호 의존성이 과거 그 어느 때보다 커짐에 따라 사람들로 하여금 내 이웃들이 유용하다고 여기도록 강요하는 사회적 압력이 더욱 커지고 있다. 영국의 경우 대단한 부자들을 위한 학교나 오랜 전통으로 인해 손대기 힘든 몇 곳을 제외한 모든 교육 기관들은 자기 돈이라도 마음대로 쓰는 것이 허용되지 않으며, 기술을 가르치고 충성심을 주입시키는 방식으로 유용한 목적에 기여함으로써 국가를 만족시켜야 한다. 이것은 강제 군역, 보이스카웃, 정당의 조직화, 언론에 의한 정치적 열정의 유포로 이어지는 일맥상통한 움직임의 핵심적인 부분이다.

우리는 과거에 비해 동료 시민들을 훨씬 많이 의식하고 그들에게 이익을 주는 것이 미덕이라고 생각하는 동시에 어떻게 해서라도 그들이 우리에게도 득이 되게 만들려고 안달이다. 우리는 나태하게 생을 즐기는 사람은 생각하고 싶어하지도 않는다. 그 즐거움의 질이 제아무리 고상한 것이라도 말이다.

모든 사람이 대의(그게 무엇이든 간에)에 도움이 되는 일을 하고 있어야 한다. 너무도 많은 나쁜 사람들이 대의를 방해하고 있기 때문에 더 많은 노력으로 저지해야 한다고 생각한다. 따라서 우리에겐 정신적 여유가 없다. 그게 뭐든 간에 우연히 우리가 중요하다고 생각하게 된 것에 도움이 될 지식을 제외한 다른 어떤 지식도 습득할 여유가 없다.

좁은 의미의 실용적 교육관을 옹호할 수 있는 말은 많다. 밥벌이를 시작하기 전에 모든 지식을 다 배우기엔 시간이 모자란다. 또한 '유용한' 지식이 '대단히' 쓸모 있다는 데 대해선 의심할 여지가 없다. 현대 세계를 만든 건 바로 그 '유용한' 지식이니까. 그것이 없었더라면 우리에겐 기계도, 자동차도, 철도도, 비행기도 없었을 것이다. 하지만 그것이 없었다면 현대의 광고나 선전도 없었을 거란 사실도 덧붙여야 마땅하다. 현대의 지식은 평균적 건강 수준을 엄청나게 진보시켰지만 동시에, 대도시를 독가스로 전멸시키는 방법도 찾아냈으니 말이다.

앞선 시대들과 비교해 우리 세계의 특징이 어떤 것이든 간에, 그 특징의 근원은 '유용한' 지식에 있다. 그리고 어떤 사회도 아직 그 지식을 충분히 보유하지 못했기 때문에 교육을 통해 계속 증대시켜 나가려 하는 것은 당연하다. 예로부터 내려오는 문화 교육의 많은 부분이 어리석은 교육이었다는 점도 인정하지 않을 수 없다. 아이들은 라틴어와 그리스어 문법을 배우는데 몇 년씩을 소모했지만 결국 그리스어 및 라틴어 저작을 읽을 수 있게 되거나 읽고 싶어 하는 아이들은 아주 소수에 불과했다.

어느 모로 보나 현대의 언어들과 현대 역사가 라틴어 및 그리스어보다 낫다. 실용적일 뿐 아니라 보다 적은 시간에 보다 많은 문화를 접할 수 있게 해주기 때문이다. 15세기 이탈리아인들의 경우, 실질적으로 읽을 만한 가치가 있는 모든 것이 이태리어 아니면 그리스어나 라틴어로 되어 있었기 때문에 문화를 이해하기 위해선 이 언어들이 필수적이었다.

그러나 그때 이후의 위대한 문학들은 다양한 현대 언어들을 쓰며 성장해 왔고, 문명의 발달 속도가 너무도 급격했기 때문에 우리의 문제를 이해함에 있어 과거의 지식은 현대 국가들 및 그들의 비교적 가까운 역사에 관한 지식에 비해 유용하지 못하게 되었다.

배우기 운동이 부흥했던 시대엔 전통적인 교사의 시각이 존경받을 수 있었지만 15세기 이후로 세계가 이루어 온 것을 무시했기 때문에 지나치게 협소해졌다. 그리고 역사 및 현대 언어들뿐 아니라 과학도 적절하게 교육되기만 하면 문화에 공헌할 수 있게 됐다. 따라서 전통적인 교육 과정을 고집하지 않더라도 직접적인 실용성 이외의 다른 목표들을 가져야 한다고 주장할 수 있다. 넓게 생각해 볼 때 실용성과 문화는 어느 한쪽만을 광적으로 주장하는 사람들이 생각하는 것만큼 그렇게 양립 불가능한 것은 아니다.

그러나 문화와 직접적 실용성이 결합될 수 있는 경우와는 별도로 다양한 종류의 간접 실용성이란 것도 있다. 간접 실용성에는 기술적 능률에 직접 이바지하지 않는 지식들이 포함된다. 나는 그러한 지식을 더 많이 장려할수록 현대 세계의 최악의 특징들 가운데 적어도 일부는 개선될 수 있을 것이며, 직업적인 능력만을 무자비하게 추구하는 현상도 줄어들 것이라고 생각한다.

의식적인 활동이 어떤 한 가지 목적으로만 모아질 때, 대부분의 사람들은 신경쇠약 증세를 동반하는 균형감의 결여를 보이게 마련이다. 한 예로, 전쟁중에 해저 작전과 관련해 독일측 전략을 주도한 사람들이 저지른 실수를 들 수 있다. 미국을 결정적으로 연합국측으로 기울게 만든 이 작전은 처음 검토해 본 사람이면 그 누구라도 현명하다고 생각할 수 없는 것이었음에도 불구하고 당사자들은 그 점을 제대로 판단할 수 없었다. 정신이 한쪽으로만 팔려 있었고 휴식이 부족했던 탓이다.

이런 일은 자발적인 충동에 계속 무리한 긴장을 가해가며 과업을 이루려 하는 집단이라면 어디에서나 찾아볼 수 있다. 일본 제국주의자들이나 러시아 공산주의자, 독일 나치들, 모두가 반드시 어떤 과업을 이루어야 한다는 생각에만 지나치게 빠져 버린 결과 일종의 긴장성 광신주의에 빠져 버린 자들이다.

그것이 광신자들이 생각하는 만큼 그렇게 중요하고 가능성 있는 과업이라면 대단한 결과가 나올지도 모르겠지만 대부분의 경우 시각의 협소함이 건망증을 일으켜, 막강한 장해 요인이 있다는 것을 잊어 버리게 만들거나, 아니면 그런 요인들이 모두 응징과 테러를 가해야 마땅한 악마의 책동인 것처럼 보이게 만든다.

아이들에게만 놀이가 필요한 게 아니다. 어른에게도 현재의 즐거움 이외엔 아무 목적도 없는 행위에 빠지는 시간이 필요하다. 그러나 놀이가 제 구실을 다할 수 있기 위해서는 일과 관계 없는 부분에서도 기쁨과 흥미를 찾아낼 수 있어야 한다.

현대의 도시인들은 점점 더 수동적이고 집단적인 여흥, 즉 다른 사람들의 능란한 활동을 피동적으로 구경하는 쪽으로 기울어가고 있다. 물론 그런 여흥도 전혀 아무것도 안 하는 것보다야 낫겠지만, 교육을 통해 일과 관계 없는 부분에서 폭넓은 지적 관심사들을 가지게 된 사람들의 여흥에 비하면 그리 바람직하지 않다.

기계의 생산력으로 인류에게 혜택을 준 발전된 경제 조직이 여가를 파격적으로 증대시키는 것으로 이어져야 마땅하지만 여가가 많아지면 상당한 지적 활동과 관심사들을 보유한 사람들을 제외하고는 대부분 지루해하기 십상이다. 여가를 가진 인구가 행복할 수 있다면 그것은 틀림없이 교육받은 인구이며, 또한 그 교육은 직접적 유용성을 가진 과학·기술적 지식뿐 아니라 정신적 기쁨도 목표로 했음이 틀림없다.

지식을 획득함에 있어 문화적 요소는 그것이 성공적으로 흡수되어질 경우 인간의 사고와 욕구의 성격을 형성하는 기능을 한다.

문화는 자기 자신에게 당장 중요한 문제뿐 아니라 비개인적인 폭넓은 목적에도 부분적이나마 관여하게 만들기 때문이다.

우리는 지식을 수단으로 어떤 능력을 획득하면 사회에 혜택을 주는 일에 그 능력을 사용할 것이라고 너무도 성급하게 가정해 왔다. 좁은 의미의 실용적 교육은 인간의 기능뿐 아니라 인간의 목적도 교육되어야 한다는 점을 무시하고 있다. 교육받지 못한 인간의 본성에는 잔인성이란 요소가 다량 들어 있어 크고 작은 방식으로 그 성질을 표출하게 마련이다. 학생들은 새로 온 학생이나 틀에 어긋나는 유별난 옷을 입은 학생에겐 대체로 잘 대해 주지 않는다. 악의에 찬 험담으로 가능한 한 남을 괴롭히려는 여자들도(상당수의 남자들도) 꽤 많다.

스페인 사람들은 투우를 즐기고 영국인들은 사냥과 총질을 즐긴다. 이러한 잔인한 충동은 독일 거주 유대인들과 러시아 부농들의 사냥에 이르면 좀더 심각한 형태를 띠게 된다. 제국주의는 이러한 충동의 발산을 부추기며 전쟁중에는 공적 의무의 최고 형태로 숭앙하게 된다.

고등 교육을 받은 사람들도 때때로 잔인하다는 점은 인정하지만 정신을 묵히고 있는 사람들에 비하면 빈도가 낮다는 점에 대해선 의심의 여지가 없다. 학교의 문제아가 학습 성취도에 있어 평균 이상의 아이인 경우는 드물다. 린치 사태가 발생한 경우 그 주모자들은 거의 대부분 대단히 무식한 사람들이다.

그렇다고 정신을 가꾸는 데서 적극적인 인도주의의 감정이 나온다는 것은 아니다. 물론 그런 경우도 때론 있겠지만. 오히려 정신의 도야가 이웃을 부당하게 취급하는 것과는 다른 관심사들을 제공하고 지배를 주장하는 것과는 다른 자아존중의 근거들을 제공해 주기 때문이다.

세상에서 가장 보편적으로 추구되는 두 가지는 힘과 야망이다. 대체적으로 볼 때 무지한 사람은 신체적 우월감을 획득하는 등의 야만적인 수단으로 이 두 가지 중 하나만을 달성할 수 있을 뿐이다. 정신 도야는 보다 덜 해로운 형태의 힘과 존경받을 만한 보다 가치 있는 방법을 제공해 준다. 세상을 변화시킴에 있어 갈릴레오는 그 어느 군주가 했던 것보다 큰 일을 했으며 그의 힘은 그를 박해한 자들을 무한히 능가했다. 그렇기 때문에 그는 역으로 자신이 박해자가 되겠다는 목표를 가질 필요가 없었다.

'무용한' 지식의 가장 중요한 이점은 아마도 숙고하는 습관을 조성해 준다는 점일 것이다. 세상에는 사전에 적절히 숙고해 보지도 않고 하는 행동이나 지혜로운 사람이라면 하지 말라고 충고했음 직한 류의 행동에 이르기까지 너무도 많은 성급함이 존재한다.

이 부분에 있어 사람들은 자신의 경향을 다양하고도 독특한 방식으로 보여준다. 『파우스트』에서 메피스토펠레스는 '모든 이론은 회색이고 영원히 푸르른 것은 오직 생명의 나무'라고 젊은 학생들에게 말한다. 그러자 모든 사람들은 그것이 마치 괴테의 소견인 양 인용하곤 한다. 사실, 괴테는 악마가 대학생들에게 할 법한 얘기를 상상해 본 것뿐인데 말이다. 햄릿을 행동이 따르지 않는 사고의 극단적인 모델로 여기지만 오델로를 생각 없는 행동을 경고하는 본보기로 드는 사람은 아무도 없다.

베르그송 같은 교수들은 실리적 인간을 추구하는 일종의 속물적 사고에 기초해 철학의 가치를 깎아내리면서 한창 때의 인생은

돌격하는 기병대 같은 것이어야 한다고 말한다. 내가 볼 때 행동이
란 낭만적이고 불균형한 자기 주장만 있는 터무니없이 열정적인 충
동에서 나온 것이 아니라 우주와 인간의 운명에 대한 심오한 이해
에서 나올 때 최상의 행동이 된다.

행동보다 사고에서 기쁨을 찾아 내는 습관은 어리석음을 막아
주고 과도하게 힘을 추종하는 현상을 방지해 주는 보호막이며 불행
할 때 평온을, 근심에 싸였을 때 마음의 평화를 유지시켜 주는 수단
이다.

개인적인 것에만 한정된 생활은 언젠가는 견디기 어려울 만큼
고통스러운 것이 될 것이다. 보다 큰 우주를 향하여 마음의 창을 활
짝 열어야 인생의 비극적인 단면을 이겨 나갈 수 있다.

숙고하는 습관의 이점은 아주 사소한 것에서부터 가장 심오한
것에 이르기까지에 폭넓게 걸쳐 있다. 우선 벼룩 때문에 괴롭다든
지, 기차를 놓쳤다든지, 함께 사업을 하는데 걸핏하면 싸움이 일어
난다든지 하는 작은 번민들부터 생각해 보자. 이런 고민거리들은
영웅적 행위의 뛰어남이나 모든 인간적 불행의 덧없음에 비하면 별
로 생각할 가치도 없는 것들로 보이기 쉽다. 그렇지만 바로 그런 일
들에서 생겨나는 짜증들이 많은 사람의 좋은 성격과 즐거운 인생을
망쳐 놓는 것이다.

그럴 경우, 그 순간의 문젯거리와 약간의 연관이 있을 뿐인 동
떨어진 지식(실제로 연관이 있든 그렇게 생각한 것이든 간에)에서 의
외로 큰 위안을 받을 수 있다. 설사 그 문제와 아무 연관이 없는 지
식이라 하더라도 최소한 현재의 골칫거리를 머릿속에서 지워 버리
는 데는 큰 도움이 된다.

격분해서 안색이 하얗게 된 사람이 마구 공격해 올 때는, 데카르트의『열정에 관한 논문』에 나오는, '분노로 안색이 하얘지는 사람이 안색이 빨개지는 사람보다 두려움을 더 많이 타는 이유'란 제목의 장을 돌이켜보면 즐거워질 것이다.

국제적 협조를 확보하기가 어려워 초조해질 때는, 성인(聖人) 대접을 받는 국왕 루이 9세를 떠올리면 초조감이 줄어들 것이다. 루이 9세가 십자군 성전(聖戰)에 들어가기 전, 세상 사악함의 절반을 대표하는 어두운 배경인물로『아라비안 나이트』에 등장하는 '山노인'과 제휴했던 일 말이다.

자본가의 약탈이 자꾸 심해져 압박감을 느낄 때는 브루투스를 생각하라. 지조 있는 공화주의자의 본보기로 알려진 부루투스가 한번은 한 도시에 40퍼센트의 이자로 돈을 빌려 주었는데 이자가 제대로 들어오지 않자 그는 돈을 풀어 사병들을 고용해 그 도시를 포위했던 것이다.

진기한 지식은 불쾌한 일을 덜 불쾌하게 만들 뿐 아니라 즐거운 일을 더 즐겁게 만들어 준다. 나는 복숭아와 살구를 즐기는데 그것들이 맨 처음 중국에서 漢 왕조 초기에 재배되었다는 것, 카니스카 대왕에게 볼모로 잡혀온 중국인들이 그 과실들을 인도에 소개한 이후 페르시아로 퍼져 나갔으며 기원 후 1세기에 로마 제국에까지 당도했다는 것, 살구가 일찍 익는다고 해서 'apricot(살구)'이란 말이 'precocious(발육이 빠른, 조숙한)'란 말과 동일한 라틴어 어원에서 파생됐다는 것, 그런데 어원을 잘못 아는 바람에 실수로 a자가 맨 앞에 덧붙여졌다는 사실을 알고 나서는 더 맛있게 먹을 수 있게 되었다. 이런 모든 지식들이 과일 맛을 더 달콤하게 만들어 주니까.

1백여 년 전, 선의의 박애주의자들이 '유용한 지식을 확산시키기 위한 목적으로' 여러 단체들을 출범시켰지만 그 결과는 사람들로 하여금 '무용한' 지식의 기막힌 맛을 느끼지 못하게 만들어 버렸다.

우울한 기분이 위협해 온 어느 날 우연히 버튼의 『우울증 해부』를 펼쳐들게 된 나는 '우울한 물질'이란 게 존재한다는 것과 그것이 4체액에서 발생된다고 생각하는 이들도 있다는 것을 알았다.

"갈렌은 우울증이 4체액 중 점액을 제외한 세 가지에서 나온다고 얘기하는데 그의 이러한 주장은 사실 발레리우스와 메나르두스가 끈질기게 주장해 온 것이고 푸스시우스, 몬탈투스, 몬타누스도 마찬가지다. 백이 흑으로 된다고 어떻게 말할 수 있는가?"

이러한 해답 없는 논쟁에도 불구하고, 헤르쿨레스 드 삭소니아와 카르단, 귀아네리우스와 라우렌티우스는 그것과 반대되는 생각을 가지고 있다(고 버튼은 말한다). 이런 역사를 생각하다 보면 마음이 가라앉으면서 그것이 세 가지 체액에서 나온 것이든, 네 가지 체액에서 나온 것이든 간에 어느새 우울한 기분이 사라진다. 지나치게 열중하는 버릇에 대한 치료책으로 그런 옛날 논쟁들보다 더 효과 있는 조치들은 찾아보면 아주 많을 것이다.

그러나 사소한 문화적 즐거움들이 실제 생활의 사소한 걱정거리들을 달래주는 역할을 담당하는 반면 숙고의 보다 중요한 이점들은 인생의 커다란 악(惡)이나, 죽음과 고통과 잔인함, 불필요한 재난으로 맹목적으로 치닫는 국가들과 관련되었을 때 진가를 발휘한다. 독단적인 종교로도 더 이상 위안을 얻지 못하는 사람들의 경우,

인생이 무미건조해지고, 가혹해지고, 사소한 자기 주장으로 가득 차게 되는 것을 막기 위해선 다른 대체물이 필요하다.

현재의 세계는 성난 자기 중심적 집단들로 꽉 차 있다. 이들은 인간의 삶을 전체적으로 보지 못할 뿐 아니라 한 발 양보하느니 차라리 문명을 파괴시키고 말겠다는 태세들이다. 이 같은 편협증에는 아무리 많은 과학 기술적 지식으로도 해독제를 만들어 내지 못할 것이다. 개인 심리에 국한된 편협증이라면 역사, 생물학, 천문학 및 자존심을 해치지 않는 범위 내에서 적당한 시각으로 스스로를 바라보게 해줄 수 있는 모든 학문들에서 해독제를 찾을 수 있을 것이다.

필요한 것은 이것이냐 저것이냐 하는 특정한 정보가 아니라 전체의 시각에서 본 인생의 목적에 관한 지식이다. 여기에는 예술, 역사, 영웅적인 사람들의 인생 접하기, 우주 차원에서 볼 때 인간은 한심할 정도로 우연적이고 하루살이 같은 존재에 불과하다는 사실에 대한 이해 등이 포함된다.

이러한 지식은 인간 특유의 것에 대한 일종의 자부심을 불러일으키는 동시에 이해하고 아는 힘, 도량 있게 느끼는 힘, 올바르게 사고하는 힘을 키워준다. 비개인적인 감정과 결합된 폭넓은 인식으로부터 비로소 지혜가 솟아나오는 것이다.

어느 시대든 인생은 고통으로 차 있었지만 앞선 두 세기보다 우리 시대의 인생이 더 고통스럽다. 고통에서 벗어나려 하면 인간은 하찮아지고, 자기 기만에 빠지게 되고, 엄청난 집단 신화를 만들어 내게 된다. 그러나 이러한 순간적인 완화책은 장기적인 고통의 근원만 증가시키는 꼴이다.

개인적인 불행이든 공적인 불행이든, 의지와 지성이 상호 작용하는 과정을 거쳐야만 극복될 수 있다. 의지에는 악을 피하고 비현실적인 해결책을 받아들이지 않는 자세가 포함된다. 지성에는 그 악을 이해하고, 치유가 가능하다면 치유책을 찾아내고, 만일 불가능하다면 불가피한 것으로 받아들이되 그것을 벗어난 다른 영역, 다른 시대, 행성간의 공간에 놓인 심연들에는 무엇이 놓여 있나를 되돌아봄으로써 그 악을 참고 살 만한 것으로 만드는 일이 포함된다.

건축에 대한 몇 가지 생각

Architecture and Social Questions

먼 옛날부터 건축에는 두 가지 목적이 있었다.

하나는 온기와 피난처를 제공해 주는 순수 실용적인 목적이고 다른 하나는 정치적인 목적으로써 어떤 이념을 돌로 웅대하게 표현해서 인류에게 남기고자 하는 것이다. 전자의 목적은 가난한 사람들의 거주지를 통해 충족되었다. 그러나 신전이나 왕궁은 하늘의 신들과 그들이 지상에서 총애하는 자들에게 경외감을 일으킬 수 있도록 설계되었다.

개별 군주가 아닌 공동체가 미화된 경우도 있다. 아테네의 아크로폴리스나 로마의 캐피틀라인 힐은 종속국들과 연합국들을 교화시키기 위하여 당당한 제국주의 도시국가의 위엄을 선언한 것이었다.

공공 건물을 지을 때는 미적 아름다움을 최고의 가치로 여겼고 후기로 오면서 부호들과 황제들의 성에도 이와 같은 기준이 적용되었다. 그러나 농부들의 오두막이나 도시 프롤레타리아의 다 쓰러져

55

가는 주택들은 이런 기준과는 아무 상관도 없었다.

중세에는 사회구조가 크게 복잡해졌음에도 불구하고 건축에서의 예술적 동기는 과거와 비슷한 정도로, 아니 훨씬 더 제한되었다. 그 이유는 귀족들의 성이 군사력 강화를 목적으로 설계되었기 때문이다. 그러므로 혹시 아름다운 성이 있다 해도 그것은 우연히 그렇게 된 것일 뿐이다.

중세 시대에 최고의 건축을 세운 것은 봉건주의가 아니라 교회와 상업이었다. 성당들은 신과 주교들의 영화를 과시했다. 영국과 북해 연안 저지대를 오가던 모직 무역상들은 영국의 왕들과 부르군디의 공작들을 돈으로 주무를 수 있다는 것을 알고 휘황찬란한 천을 두른 연회장들과 플랑드르 시영 건물을 지어 오만함을 과시했고 수많은 영국의 도시에도 장대한 건물을 지었다.

그러나 상업 건축을 완벽의 경지에 올려놓은 것은 근대적 부호 계급의 발상지인 이탈리아였다. 바다의 신부(新婦)라고 불리는 베니스는 그 아름다움에 압도된 기독교 연합 군주들로 하여금 십자군 원정단의 진로를 돌리게 만든 도시로서 공화정의 총독관저 및 호상(豪商)들의 대저택을 세움으로써 새로운 타입의 장엄미를 창조했다. 북부의 촌스런 남작들과는 달리 베니스와 제노바의 도시 권력가들은 독거할 필요도, 방어할 필요도 없었기 때문에 서로 나란히 붙어살면서 별 호기심 없는 이방인이 보아도 모든 것이 웅대하고 미적으로 뛰어난 도시를 빚어냈다.

특히 베니스에서는 지저분한 것을 은폐하기가 수월했다. 빈민가들은 멀리 뒷골목들에 숨겨져 있었기 때문에 곤돌라 승객들에겐 절대 눈에 띄지 않았다. 부호 계급이 이처럼 철저하고 완벽하게 성공했던 때는 일찍이 없었다.

중세 교회는 성당뿐 아니라 우리의 현대적 필요와 관련이 있는 건물들도 지었다. 사원, 수도원, 수녀원, 대학 등이 제한된 형태이긴 하지만 공동체주의에 기초해 세워졌고 평화로운 사회 생활을 목적으로 설계되었다. 이러한 건물 내에서는 개인의 공간은 엄격하고 간소한 반면 공동의 공간은 웅대하고 여유가 있었다. 개별 수도승은 좁고 텅빈 방 하나를 쓰는 것으로 겸손한 생활 자세를 유지했고 성직에 대한 자부심은 대형 홀과 예배당, 장엄한 식당을 통해 과시되었다.

오늘날 영국의 수도원과 사원들은 대부분 관광객을 즐겁게 해주는 유적들로 남아 있지만 옥스포드와 캠브리지에 소재한 대학들은 오늘날까지도 국민 생활의 일부를 담당하면서 중세 공동생활의 아름다움을 그대로 간직하고 있다.

르네상스가 확산되면서 북상하자 프랑스와 영국의 투박한 남작들은 이탈리아 부호들의 세련된 문물을 받아들이기 시작했다. 메디치가(家)가 왕이며 시인, 화가, 건축가들에게 딸들을 시집 보내는 동안 알프스 북부 지역들은 플로렌스풍 양식을 모방했고, 귀족들은 성을 전원 가옥으로 대체했다. 이것은 귀족들이 공격에 대비한 방위력을 포기한 대신 품위 있고 개화된 귀족이란 새로운 보호막을 내세우게 됐다는 의미였다.

그러나 그 보호막은 프랑스 혁명에 의해 파괴되었고 그 이후로 전통적인 건축 양식들은 활력을 상실했다. 그러나 이 양식들은 나폴레옹이 루브르 박물관을 증축한 데서 나타나듯, 구시대적 형태의 권력이 남아 있는 곳에 함께 했다. 그러나 나폴레옹이 덧보탠 것들은 그의 불안정한 위치를 반영하듯 천박한 화려함만을 보여주고 있다. 그는 아마도 자기 어머니가 늘 하급 불어로 지껄이던 말을 잊고 싶어했는지도 모른다.

"Pourvou que cela doure(이것만 계속된다면)."

19세기에는 두 가지 형태의 건축 양식이 대표적인데 각각 기계에 의한 생산과 민주주의적 개인주의에 기반하고 있다. 하나는 굴뚝 솟은 공장들이고 또 하나는 노동자 계급들이 사는 줄줄이 늘어선 자그만 집들이다. 공장이 산업주의가 야기한 경제 조직을 상징한다면, 작은 집들은 개인주의자들의 이상이었던, 사회로부터의 분리를 상징한다.

높은 지대(地代)로 인해 들어선 대형 건물들은 사회적 통일성이 아닌 건축학적 통일성만을 지닌다. 사무실 밀집 단지, 주거용 아파트, 호텔 따위가 대표적이다. 이런 곳을 이용하는 사람들은 수도원의 수도승들처럼 공동체를 형성하지 않으며 오히려 가능한 한 서로의 존재를 모른 채 지내려고 애쓴다.

영국의 경우 지가가 그다지 높지 않은 곳이면 어디나 1가구 1주택 원칙이 고개를 든다. 런던이나 북부 대도시들에 가까워지면 무수한 거리마다 소규모 주택가들이 늘어선 광경을 보게 된다. 이런 곳에선 각각의 주택이 개인 생활의 중심이며 공동 생활은 사무실, 공장, 혹은 지역에 따라선 광산 등으로 대표된다. 가정을 벗어난 사회 생활은 철저하게 경제적인 성격을 띠며, 경제 외적인 사회적 필요들은 모두 가정 내에서 만족되어야 하거나 좌절된 상태로 남겨지게 된다. 한 시대의 사회적 이상을 그 시대 건축의 미적 수준으로 판단할 수 있다면, 지난 백 년의 기간은 인류 역사를 통틀어

최하점을 받게 될 것이다.

공장들과 열 지은 소규모 주택들은 그 둘 사이에 존재하는 현대 생활의 기묘한 불일치를 잘 보여준다. 생산은 점차로 대규모 집단이 되어가는 반면, 정치와 경제 영역을 벗어난 모든 것들에 대한 우리의 일반적인 시각은 점점 더 개인주의적으로 돼가는 추세다. 이러한 현상은 자기 표현에 대한 숭배의 단계를 넘어 모든 종류의 전통과 관례에 저항하는 무정부적 행태로까지 나아간 예술과 문학에서뿐 아니라 보통 사람들, 특히 여자들의 일상에서도 나타난다.

공장에는 필연적으로 사회 생활이 있고 그로부터 노동 조합이 생겼다. 그러나 모든 가정에서는 각기 고립을 희망한다. "나는 언제나 혼자 틀어박혀 있다."고 여자들은 말한다. 그리고 남편들도 여자들이 가장의 귀가를 기다리며 집에 앉아 있어 주기를 바란다.

이런 분위기 때문에 아내들은 각자의 좁은 집과 좁은 부엌, 고된 가사노동, 학교 갔다 온 아이들 돌보기 등을 견뎌내야만 할 뿐 아니라 심지어 그런 일을 좋아해야만 한다. 일은 고되고, 생활은 단조롭고, 여자는 집에 갇힌 죄수 꼴이다. 그러나 이 모든 것들이 그녀의 신경을 소모시킴에도 불구하고 여자들은 공동체적 생활 방식을 택하기보단 현재의 생활 방식을 더 선호한다. 고립된 상태가 그녀의 자존심에 도움이 되기 때문이다.

이처럼 독립된 형태의 건축을 선호하게 된 것은 여성의 지위와 연관되어 있다. 여성 해방 운동과 투표권 획득에도 불구하고 아내들의 지위는 적어도 임금 노동자 계층에서는 과거와 크게 달라진 것이 없다. 아내는 여전히 남편의 벌이에 의존해야 하고 열심히 일하면서도 임금을 받지 못한다. 직업이 가정주부인 그녀는 자신이

가꿀 집 한 칸을 갖는 게 소원이다. 개인의 창의력을 발휘할 영역을 갖고 싶은 것은 인간이라면 누구나 갖고 있는 희망이겠지만 그녀에게는 집안일 외엔 다른 출구가 없다.

남편 쪽에서는 아내가 자신만을 위해 일하면서 자신에게 경제적으로 의존해 있는 상태를 은근히 즐긴다. 게다가 아내와 집은 다른 어떤 것보다 그의 소유 본능을 충족시켜 준다. 남편과 아내는 이따금씩 좀더 사회적인 생활을 원하기도 하겠지만 그럼에도 불구하고 부부로서의 소유욕 때문에 각자의 배우자에게 다른 남녀와 만날 위험스런 기회가 적은 것을 고맙게 생각한다. 그리하여 비록 부부 모두의 생활이 구속될 수도 있고 여성으로선 쓸데없이 고되긴 해도 남녀 누구도 사회 생활을 보장하는 새로운 구조를 원하지 않는다.

그러나 이러한 상황은 모든 기혼 여성들이 집밖에서 일해서 생계비를 벌도록 규율로 정해 놓는다면 변화될 수 있다. 전문직 계층에는 이미 많은 여성들이 독자적인 일을 통해 돈을 벌고 있어 대도시에 바람직한 형태에 어느 정도 접근해 있다. 이런 여성들에게 필요한 것은 식사까지 제공하는 숙소나 공동 부엌, 다시 말해 끼니 준비 걱정을 더는 것과 사무실에 나가 있는 동안 아이들을 돌봐줄 보육원이다. 흔히, 기혼 여성이 밖에서 일해야 하는 경우 딱하게 여기는 게 관례다. 게다가 직장 일을 마치고 집에 돌아와 별도의 직업이 없는 아내들이 일상적으로 하는 일까지 해야 한다면 대단히 과로하게 될 것이다.

그러나 건물 구조를 올바르게 고친다면 여성들은 집안 살림과 육아 일에서 상당히 벗어날 수 있을 것이다. 그렇게 된다면 여성들에게만 좋은 것이 아니라 남편과 아이들에게도 혜택이 돌아갈 것이다. 또한 여성이 아내와 어머니로서의 전통적인 의무 대신 전문적인 일을 할 수 있게 되면 확실한 수익도 보장된다. 이 점은 남편들이 옛 방식대로 사는 아내의 일을 일주일만 대신해 보면 확실하게 느낄 수 있을 것이다. 임금 생활자의 아내가 하는 일은 보수가 따르지 않기 때문에 지금까지 현대화된 적은 없지만 사실 많은 부분이 불필요한 일들이며 그 나머지 일도 대부분 각 전문가들에게 분담시키는 것이 더 바람직하다.

그러나 그렇게 되기 위해선 건축상의 개혁이 반드시 선행되어야 한다. 문제는 중세 수도원에서와 같은 공동 편의시설들을 확보하는 일이다. 물론 독신 생활이란 요소는 빼고 말이다. 이것은 다시 말해, 아이들의 필요에 부응하는 설비가 갖추어져야 한다는 뜻이다.

먼저, 단독 주택이든 집단 건물에 세들어 살든 노동 계급 가정의 가사가 독립적으로 이루어지고 있는 현재의 제도에서 파생되는 불필요한 손실에는 어떤 것들이 있는지 생각해 보자.

제일 큰 해악은 아이들에게 미친다. 학교에 들어가기 전까지 어린아이들은 햇빛과 공기를 너무 적게 접한다. 아이들이 먹는 음식은 가난하고, 무지하고, 바빠서, 어른과 아이를 구분해 음식을 만들어 줄 수 없는 어머니에 의해 제공된다. 아이들이란 어머니가 요리하고 집안일을 하는 동안 끊임없이 방해가 되게 마련이다. 때문에 결국 어머니의 신경을 건드려 가혹한 처벌을 받곤 한다. 물론 이따금 귀여워해 줄 때도 있겠지만 말이다. 아이들다운 행동을 해도 전혀 해가 되지 않을 자유나 공간이 없다. 이 같은 복합적인 상황이 아이들을 허약하고, 신경질적이고, 억눌려지게 만드는 수가 많다.

어머니가 받는 해악도 대단히 심각하다. 여성은 보모, 요리사, 가정부의 일을 어느 것 하나 전문적으로 교육받지 못했으면서도 혼자 감당해야 한다. 따라서 일을 잘 수행하지 못하는 건 당연하다. 그녀는 언제나 지쳐 있어서 아이들마저도 기쁨을 주는 존재라기보단 성가시게만 느껴진다. 남편은 일을 마치면 여가를 즐기지만 그녀에겐 여가라는 게 없다. 결국 그녀가 짜증 잘 내고, 속 좁고, 시기로 가득 찬 사람으로 변하는 건 시간 문제다.

이에 비해 남자의 입장에선 불이익이 훨씬 적다. 집에 있는 시간이 적기 때문이다. 그러나 집에 있을 때면 접하게 되는 아내의 불평이나 아이들의 '나쁜' 행실을 달가워하기란 어렵다. 그리하여 남편은 건축물을 탓해야 마땅할 때 자기 아내를 탓하게 되고 결국 그 사람의 야만성 정도에 따라 여러 가지 불유쾌한 결과들로 이어지게 된다.

물론 이런 일들이 보편적으로 일어난다는 것은 아니다. 다만, 그런 일이 일어나지 않으려면 어머니가 보통 이상의 자제력과 지혜와 체력을 지니고 있어야 한다는 점이다. 그리고 인간에게 보통 이상의 자질을 요구하는 제도라면 예외적인 몇몇 경우에서만 좋은 결과를 낳을 수 있을 뿐이라는 것은 분명한 사실이다. 해악이 드러나지 않는 몇 가지 드문 경우들이 존재한다고 해서 그 제도의 불량함이 은폐되는 것은 아니다.

이 모든 문제들을 일거에 치유하려면 건축물에 공동체적 요소를 도입하기만 하면 된다. 독립된 작은 주택들과 집집마다 자기 부엌이 있는 공동 주택 단지들은 철거되어야 한다. 대신 그 자리에 중앙의 뜰을 중심으로 몇 동의 건물을 높이 쌓아 올리되 단, 일조를 위해 남향 건물은 낮게 한다. 공동의 부엌과 널찍한 식당, 오락과 회합과 영화 감상을 위한 회관이 갖춰져야 한다.

중앙의 뜰에는 보육원을 세우는데, 아이들이 쉽게 다치지 않도록 부서지기 쉬운 물건이 없도록 건축한다. 계단은 없애고 뚜껑 없는 화로나 노출된 뜨거운 난로를 두어선 안 되며, 접시와 컵과 받침 접시들은 깨지지 않는 소재로 만들어진 것이어야 한다. 전반적으로 아이들에게 '하지 말라'는 말이 나올 만한 물건들은 최대한 피해야 한다. 날씨가 좋을 때는 보육원 생활이 야외에서 이루어질 것이며 날씨가 나쁠 때는 (아주 나쁠 때는 안 되겠지만) 한쪽 벽으로 공기가 들어오는 실내에서 활동하게 한다.

모든 아이들의 식사는 보육원에서 챙겨주는데 집에서 어머니들이 해주는 것보다 질 좋은 음식을 아주 싼값에 제공할 수 있을 것이다. 아이들은 젖뗀 후부터 학교에 갈 나이가 될 때까지, 아침식사부터 마지막 식사를 마칠 때까지 보육원에서 지낸다. 이곳에서 저희들끼리 놀게 하되 단, 아이들의 안전을 위해 최소한의 감독을 병행한다.

아이들에게 돌아가는 이익은 엄청나다. 맑은 공기와 햇빛, 넉넉한 공간과 좋은 음식은 아이들을 건강하게 만들 것이다. 맘껏 자유를 누리고 끊임없이 짜증내며, 금지하는 분위기에서 벗어날 수 있어 성격 형성에도 큰 도움이 된다. 사실 대부분의 임금 노동자들은 처음 몇 년간 그런 분위기 속에서 산다.

어린아이를 위해 특별하게 지어진 환경 속에서는 활동의 자유를 마음놓고 허용할 수 있으므로 보육원에서 이 부분에 대해 저지하는 일은 거의 없을 것이다. 그 결과 아이들의 모험심과 근육 기능은 자연스럽게 발달된다. 어린 동물들이 그러하듯 말이다. 어린 아이의 행동을 끊임없이 금지하는 것은 아이가 훗날 불만 많고 소심한 어른으로 자라게 되는 원인이 된다. 그러나 아이들이 성인의 환경에서 살고 있는 한, 사실 금지하지 않기란 어려운 일이다. 따라서 아이들의 환경을 갖춘 이 같은 보육원은 아이들의 건강뿐 아니라 성격에도 큰 도움이 될 것이다.

여성들이 누리게 될 혜택은 대단히 크다. 우선 아이가 젖을 떼는 대로 육아를 전문적으로 교육받은 여성들에게 하루 종일 맡기게 된다. 식품을 사러 가고, 요리하고, 설거지를 하지 않아도 된다. 여성들도 남편들처럼 아침에 나가 저녁에 들어오게 될 것이다. 항상 바쁘게 지내는 일 없이 그들도 남편들처럼 일하는 시간과 여가 시간을 따로 갖게 될 것이다.

아침과 저녁에는 아이들을 보게 되겠지만 그 정도 시간이면 얼마든지 애정을 표현할 수 있다. 짜증이 날 정도로 긴 시간 동안 보는 것보다 나을 것이다. 하루 종일 아이들과 지내야 하는 어머니는 아이들과 놀아줄 만큼 충분한 기력을 가지기 어렵다. 그래서 대체로 어머니보다 아버지가 아이들과 더 많이 놀아주게 되는 것이다. 계속해서 관심을 구하는 아이들의 시끄러운 요구에서 벗어나 한시도 쉴 틈이 없다면 제아무리 애정이 깊은 어른이라 해도 아이들이 성가셔 보이게 마련이다.

하지만 서로 떨어져 지내다 저녁때 만나면 어머니와 아이들 모두 하루 종일 한 장소에서 복작거릴 때보다 더 큰 애정을 느끼게 될 것이다. 아이들은 몸은 피곤하겠지만 편안한 마음으로 보육원 선생님들에게서 공평한 대우를 받고 난 후 어머니에게서 받게 되는 애정을 즐길 것이다. 가족 생활의 좋은 점만 살아남을 것이며 근심에 찬, 파괴적인 애정은 사라질 것이다.

또한 남자나 여자나 좁고 지저분한 방에 갇혀 사는 데서 벗어나 대학 강당같이 웅대하게 지어진 대형 회관을 이용하게 될 것이다. 이제 더 이상, 아름다움과 너른 공간이 부자들만의 전유물일 수는 없다. 좁은 장소에서 복작거리다 보면 짜증이 나게 마련이고 그 때문에 가정 생활이 파탄에 이르는 경우가 많았지만 이제 그런 일은 없을 것이다. 이 모든 것은 건축상 개혁의 결과일 것이다.

1백여 년 전, 로버트 오웬은 집단 생활의 이점을 임금 노동자들에게 보장해 주기 위한 '협동 조합'을 시도했다가 많은 조롱을 감수해야 했다. 찢어질 듯 가난했던 당시로선 시기 상조였겠지만 오늘날 그의 생각 중 많은 부분들이 실현 가능할 뿐더러 바람직한 것으로 여겨지고 있다. 오웬은 실제로 뉴 래너크에 매우 개화된 원칙에 입각한 보육원을 설립하기도 했다. 그러나 뉴 래너크라는 특수한 환경 때문에 그는 자신의 '농장'을 단순한 거주 공간이 아닌 생산적 단위로만 여겼다.

산업주의 경향은 애초부터 생산만 지나치게 강조하고 소비와 일상 생활에는 별로 역점을 두지 않았다. 이것은 생산에 관계된 이윤을 강조한 결과다. 그리하여 공장에서는 과학화와 최대한의 노동 분업이 이루어지는 반면 가정은 여전히 비과학적인 채로 남겨져 다양하기 이를 데 없는 과중한 노동이 어머니에게 떠맡겨졌다. 인간 활동 가운데 가장 무계획적이고 비조직적이며 불만족스러운 영역은 금전상의 이익을 기대할 수 없는 부문들이라는 시각이 대두된 것은 이윤 창출이란 동기가 지배적인 데서 나온 당연한 결과이다.

그러나 내가 제안하는 건축상의 개혁에 가장 큰 장애물은 무엇보다도 임금 노동자들 스스로의 심리 상태에 있다. 사람들은 아무리 싸우고 살아도 '가정'이란 프라이버시를 좋아하며 그 안에서 자존심과 소유욕의 충족을 찾는다. 과거 수도원들에서 볼 수 있었던 독신주의적 공동 생활에서는 그런 문제가 야기되지 않았다. 결국 프라이버시 본능을 초래하는 것은 결혼과 가정이다. 나는 이 본능을 충족시키는 데 있어 이따금 가스 곤로로 뭘 만들어 먹는 정도 이상의 개별 취사가 정말로 필요하다고는 생각하지 않는다. 그렇게 사는 데 익숙한 사람들을 위해선 자기 가구가 딸린 개인 아파트 하나면 족하다.

개인적인 습관을 바꾸기란 언제나 어려운 법이다. 하지만 독립하고자 하는 여성들의 바람이 존재하는 한, 점차 더 많은 여성들이 밖에 나가 생계비를 벌어오는 쪽으로 나아갈 것이며 그것이 역으로, 우리가 지금까지 생각해 본 이런 제도를 바람직해 보이게 만들 것이다.

현재 임금 노동자 계급의 여성 해방 운동은 아직 초보적인 단계에 있지만 파시스트적 반동이 없는 한 꾸준히 발전해 나갈 것이다. 이것이 원동력이 되어 조만간 여성들이 공동 취사와 보육원을 선택하는 길로 나아가게 될 것이다. 변화에 대한 바람은 절대로 남자들에게서 나올 수 없다. 설사 사회주의자나 공산주의자라 하더라도 남성 노동자들이 자기 아내들의 지위 변화의 필요성을 이해하는 경우는 극히 드물다.

실업이 심각한 해악으로 존재하고, 경제 원칙에 대한 몰이해가 거의 보편적으로 남아 있는 상황에서 기혼 여성의 고용이 반대에 부딪히는 건 당연하다. 기혼 여성들이 실직자들의 일자리를 뺏는다고 생각하기 때문이다. 이런 이유로 해서, 기혼 여성 문제는 실업 문제와 밀접한 관계를 가지게 되는데 사실 실업 문제는 사회주의를 상당 정도 받아들이지 않고선 해결되기 힘든 문제이다.

어쨌거나 내가 주장해 온 것과 유사한 '협동 조합' 의 건설은 크게 볼 때 대규모 사회주의 운동의 일환으로서만 가능하다. 이윤 동기만 가지고는 결코 할 수 없는 일이기 때문이다. 그러므로 이윤 추구가 경제 활동을 규정하는 한, 어린이들의 건강 및 성격과 아내들의 신경은 계속 고통받게 될 것이다.

이윤 동기로 얻어지는 것도 있겠지만 그렇지 못한 것들도 있다. 그에 속하는 것으로 노동자 계급의 아내들과 아이들의 복지, 그리고—훨씬 더 공상적으로 들릴지 모르겠지만—주택가 미화 작업을 들 수 있다. 우리가 주택가들의 추악함을 3월의 바람이나 11월의 안개 보듯 당연시하고 있지만 사실 이 문제는 그렇게 불가피한 현상이 아니다. 만일 개인 회사가 아닌 시당국에서 도로 계획을 하고 대학 교정 같은 주택가를 건설한다면 미관상 즐겁지 못할 이유가 없다. 근심 및 가난과 마찬가지로 추악함도 우리가 사적 이윤이란 동기의 노예가 되어 있음으로 해서 치러야 하는 대가인 것이다.

현대판 마이더스

The Modern Midas

마이더스 왕에 대한 이야기는 호손의 '탱글우드 이야기'를 접하며 자란 사람이면 누구나 익히 안다.

훌륭하긴 했지만 비정상적으로 금을 좋아했던 이 왕은 손에 닿는 모든 것을 금으로 바꿔 놓는 능력을 신으로부터 하사받았다. 처음엔 뛸듯이 기뻐했지만 먹으려던 음식이 삼키기도 전에 딱딱한 금으로 변해 버리자 약간 걱정스러워지기 시작했다. 딸에게 입맞추려 했을 때 딸이 딱딱한 금 덩어리로 굳어 버리는 지경이 되자 그는 아연실색했고 마침내 자신의 능력을 도로 거두어 달라고 신에게 간청했다. 그 시각 이후로 그는 금이 가치 있는 유일한 것이 아님을 깨달았다. 이 얘기는 단순하지만 세상 사람들이 깨치기 힘든 교훈을 준다.

16세기, 스페인 사람들이 페루에서 금을 가져왔을 때였다. 그들은 금을 손에 쥐고 있는 것이 제일이라는 생각에서 이 귀한 금속의 유출을 막기 위해 온갖 장치를 동원했다. 그 결과 금은 스페인

영토 전역의 물가만 올려놓았을 뿐 스페인을 실제 재산 면에서 전
보다 부자가 되게 해주진 못했다. 전보다 두 배의 돈을 가졌다는 사
실이 그들의 우쭐대는 기분을 만족시켜 주었는지는 모르지만 만일
더블룬(옛 스페인 금화) 한 닢으로 살 수 있는 것이 예전에 비해 절
반밖에 안 된다면 그 이득은 순전히 추상적일 뿐이다. 더 많은 식품
과 술을 살 수 있다거나 더 좋은 집을 살 수 있다거나 기타 어떤 체
감 혜택도 주지 못했다.

영국과 네덜란드는 당시 스페인보다 힘이 약했기 때문에, 금이
나오지 않는다는 이유로 무시되고 있던 현재의 미국 동부에 해당하
는 지역을 차지하는 것으로 만족해야 했다. 그러나 부의 원천이란
측면에서 볼 때 이 지역은, 신세계 땅 가운데 금이 생산된다고 해서
엘리자베스 시대 모든 국가들이 탐내던 다른 지역들보다 훨씬 더
생산적인 곳으로 판명되었다.

이것은 역사상으로는 상식에 속하는 일이지만 오늘날의 문제
에 적용함에 있어서는 아무래도 각국 정부들의 정신 역량이 못미치
는 듯하다. 경제를 보는 시각이야 늘 혼란스럽게 마련이지만 특히
오늘날에는 과거 어느 때보다 더하다. 이런 측면에서 종전 직후 일
어났던 일들을 돌이켜보면 얼마나 어처구니없는지 당시 각국 정부
가 수용소의 정신병자들이 아닌 정상인들로 구성되었다는 사실이
믿기지 않을 정도다.

연합국측은 독일을 벌하고자 했고 그럴 때 옛부터 써오던 방법
은 배상금을 부과하는 것이었다. 그래서 그들은 배상금을 부과했
다. 거기까진 좋았다. 그런데 연합군측이 독일에게 원했던 금액은
독일 내의, 아니 전세계의 모든 금을 합쳐도 모자랄 정도로 엄청났

다. 결국 독일인들이 상품의 형태로 주지 않는 한 배상금 지불은 계산상으로 불가능했다. 상품으로 배상받든지 아니면 한 푼도 배상받지 못하든지 둘 중의 하나였다.

이 시점에서 연합국측 정부들은 수입과 비교해 수출이 얼마나 초과하는가로 한 나라의 부를 가늠해 왔던 습관을 문득 떠올렸다. 어떤 나라가 수입보다 수출이 더 많을 때 무역 수지가 양호하다는 평을 듣고, 그 반대일 경우 무역 수지가 불량하다는 소리를 듣는다. 그런데 독일에게 금으로 지불할 수 있는 이상의 배상금을 부과함으로써 연합국측과의 무역에 있어 독일이 유리한 무역 수지를 기록하게 되고 연합국측은 불리한 무역 수지를 기록하게 될 참이었다.

결국 의도와는 달리 독일의 수출 무역을 자극함으로써 독일에 이득(그들은 이것을 독일에 이득이라고 생각했다)을 주고 있음을 깨달은 연합국측은 깜짝 놀랐다. 이 같은 일반적인 주장 위에 좀더 구체적인 주장들이 덧붙여졌다. 독일은 연합국측이 생산하지 못하는 것을 절대로 생산해서는 안 된다는 주장이었다.

독일의 경쟁력이 위협해 오자 도처에서 분노가 터져나왔다. 영국인들은 자국의 석탄업이 침체해 있어도 독일산 석탄은 원하지 않았다. 프랑스인들은 새로 손에 넣은 로렌느 광산의 도움으로 철강 생산에 박차를 가하고 있었지만 독일의 철강 제조를 원하지 않았다. 결국 연합국측은 배상이라는 방법으로 독일인들을 처벌해야 한다는 데는 변함이 없었지만 다른 한편, 독일이 어떤 특정한 형태로 배상하게 놔둬서는 안 된다는 입장 역시 단호했다.

이 같은 어이없는 상황에 대해 어이없는 해결책이 찾아졌다. 독일인들이 배상해야 할 만큼 독일인들에게 돈을 빌려주기로 결정한 것이다. 연합국측의 입장을 정리하자면 다음과 같았다.

"우리는 당신들이 손해 배상을 하지 않고 넘어가게 놔둘 순 없다. 그것은 당신들의 무도함에 대한 정당한 벌이기 때문이다. 또한 당신들이 다른 방식으로 배상을 하게 놔둘 수도 없다. 우리 업계들을 망쳐 놓을 것이기 때문이다. 그래서 우리가 당신들에게 돈을 빌려줄 것인데 물론 당신들은 빌린 돈을 갚아야 한다. 그렇게 되면 우리가 피해를 입는 일 없이 원칙은 지켜질 수 있다. 당신들이 받을 피해는 다만 연기되어지는 데 불과하다."

그러나 당연히 이 해결책은 오래 가지 못했다. 독일에 대부해 주는 데 출자한 사람들은 이자를 원했고 배상금을 갚는 문제에서와 똑같은 딜레마가 이자를 갚는 문제에서도 발생했다. 독일인들은 금으로 이자를 갚을 능력이 없었고 연합국측은 이자를 상품으로 받고 싶어하지 않았기 때문이다. 그리하여 이자를 갚을 수 있도록 또 독일에게 돈을 빌려주지 않을 수 없었다.

사람들이 얼마 못 가 이런 게임에 지쳐 버렸으리란 건 자명한 일이다. 돌려 받지도 못할 나라에 돈을 빌려주는 일에 사람들이 지쳐 버릴 때, 그 나라의 신용은 더 이상 좋지 않다고 얘기하게 된다. 이럴 경우 사람들은 상환금의 현찰 상환을 요구하기 시작한다. 그러나 앞서 살펴보았듯 독일로서는 그것이 불가능했다. 그리하여 먼저 독일을 시작으로 수많은 파산 건이 발생했고 이어 파산한 독일인들에게 돈을 빌려주었던 사람들, 그 다음엔 그 사람들에게 돈을 빌려주었던 사람들, 하는 식으로 연쇄 파산이 줄을 이었다. 결국 세계적인 불황, 궁핍, 기아, 도산 등 연이은 온갖 재난들로 세계가 고통 받는 결과를 낳았다.

독일의 배상 문제가 우리 불행의 유일한 원인이었다고 말할 생각은 없다. 연합국측이 미국에 지고 있던 빚도 한 원인이 되었으며, 그보단 규모가 작긴 해도 높은 관세벽이 채무자와 채권자를 갈라 놓고 있어 상품으로 지불하기가 어려운 상황에 처한 사적, 공적인 모든 부채들도 원인이었다. 독일의 배상 문제가 불행의 전적인 원인이라곤 결코 할 수 없지만 사고(思考)의 혼란이 문제 해결을 더욱 어렵게 만든 가장 극명한 예임에는 분명하다.

우리의 불행을 초래한 사고의 혼란은 소비자의 입장과 생산자—좀더 정확히 말하자면 경쟁 체제하에 있는 생산자—의 입장에 대한 혼란이다. 배상금을 부과할 당시 연합국측은 스스로를 소비자로 간주했다. 독일인들을 일시적 노예로 만들어 일을 시키면 자신들은 노동하지 않고도 독일인들이 생산한 것을 소비할 수 있을 것으로 생각하고 즐거워했던 것이다.

그러나 베르사이유 조약이 확립되고 난 후 그들은 자신들 역시 생산자라는 것과 자신들이 요구로 만들어진 독일의 상품들이 유입되면 자신들의 산업이 피해를 보게 되리란 점에 생각이 미쳤다. 대단히 당황한 그들은 그제야 머리를 쥐어짜기 시작했다. 그러나 연합국이 모두 머리를 맞대고 앉아 국제회의란 것을 열어 보아도 아무 효과가 없었다. 분명한 사실은, 이 세계를 다스리는 우두머리들이 너무도 무지하고 어리석어 그러한 문제를 철저하게 생각할 수 없다는 것과 게다가 자만심이 강해서 도와줄 수 있을 만한 사람들에게 자문을 구하지도 않는다는 것이다.

이 문제를 쉽게 생각하기 위해 연합국측의 한 나라를 한 개인, 이를테면 무인도에 살고 있는 로빈슨 크루소라고 가정해 보자. 독일인들은 베르사이유 조약에 의거해 그에게 모든 생활 필수품을 공짜로 제공해 주게 될 것이다. 그러나 로빈슨 크루소가 앞에서 본 강대국들과 같은 자세로 나온다면 이렇게 말할 것이다.

"아니오. 나한테 석탄을 가져오지 마시오. 그러다간 장작 줍는 내 산업이 망할 테니까. 빵도 가져오지 마시오. 내 농사가 망쳐질 것이고 원시적이긴 하지만 내가 발명한 제분기도 쓸모없어질 테니까. 내게 옷을 가져오지 마시오. 내겐 짐승 가죽으로 옷을 만드는 초기 산업이 있으니까. 금을 가져오겠다면 상관없소. 그건 나한테 아무런 해도 주지 않을 테니까. 난 금을 지하실에 넣어 두고 어디에도 사용하지 않을 것이오. 하지만 내가 사용할 수 있는 형태로 배상하는 건 그 어떤 것도 받지 않겠소."

가상의 로빈슨 크루소가 이렇게 말했다면 우리는 그가 고독하게 살다 보니 정신이 돌아 버렸나 보다고 생각할 것이다. 하지만 이 얘긴 세계 주도국들이 독일에게 한 말 그대로다. 한 개인이 아닌 한 나라가 정신이 나갔을 땐 마치 산업면에서 대단한 지혜를 발휘한 것처럼 여겨진다.

이 일과 관련하여 로빈슨 크루소와 한 국가 간에 유일한 차이점이 있다면 로빈슨 크루소는 자신의 시간을 현명하게 쓸 수 있지만 국가는 그렇지 못하다는 점이다. 만일 한 개인이 옷을 공짜로 얻는다면 그는 옷을 만들기 위해 자기 시간을 쓰지 않아도 된다. 그러나 국가들은 기후와 같은 자연 현상적 장애물이 존재하지 않는 한 자신들에게 필요한 모든 것은 자신들이 생산해야 한다고 생각한다.

분별력이 있는 국가들이라면 국제 협약을 통해 어느 나라가 무엇을 생산할지를 정할 것이고 개인들과 마찬가지로 모든 것을 각자가 생산하는 짓을 더 이상 시도하지 않을 것이다. 자신에게 필요한 옷과 신발과 식품과 집 등을 스스로 만들고자 하는 개인은 아무도 없다. 그렇게 할 경우 대단히 낮은 수준의 안락함에 만족하고 살아야 한다는 것을 잘 알고 있기 때문이다.

그러나 국가들은 노동 분업의 원리를 아직 잘 이해하지 못하고 있다. 만일 이해하고 있었다면 독일로 하여금 특정 종류의 상품들—연합국들이 자국 생산을 중단한 품목들—로 배상하게 했을 것이다. 그 결과로 실직하게 되는 사람들이 생긴다면 다른 직종으로 옮길 수 있도록 국가에서 교육할 수도 있을 것이다. 하지만 그러기 위해선 생산의 조직화가 반드시 요구되는데 그것은 사업 관행과 정면으로 대치되는 것이다.

희한하게도 금에 대한 미신은 그로 인해 득을 얻는 사람들뿐 아니라 해를 입는 사람들에게까지도 뿌리 깊게 박혀 있다. 1931년 가을, 영국에 대해 금본위제의 폐지를 강요했던 프랑스는 그렇게 되면 영국이 손해를 볼 것으로 기대했고 영국인들 대부분도 그렇게 생각했다. 일종의 수치심과 국가적 모욕감이 영국을 휩쓸었다. 그러나 뛰어난 경제학자들은 이미 금본위제의 포기를 촉구해 오고 있던 터였고 그 후의 경험으로 그들의 주장이 옳다는 것이 입증되었다. 일선 금융계를 맡고 있는 사람들이 얼마나 무지했으면 영국의 이익에 가장 도움이 되는 일을 외부의 힘에 밀려 강제로 단행해야 했던 것이다. 결국 프랑스로선 비우호적인 동기로 시작했지만 뜻하지 않게 오히려 영국에 혜택을 주는 결과만을 낳은 것이다.

유용하다고 존경받고 있는 직업들 가운데 가장 어리석은 일이 금 캐는 일이다. 금은 남아프리카 땅에서 캐어져 도둑과 사고를 막기 위한 엄청난 경계 속에서 런던이나 파리나 뉴욕으로 건너와, 거기서 다시 은행의 지하 금고실들에 보관된다. 그럴 바엔 차라리 남아프리카 땅 밑에 그대로 두는 것이 더 나을 것이다.

예전처럼 간혹 사용되기라도 한다면야 은행 준비금 형태로 보관해도 유용할 수 있겠지만 금의 보유량이 일정 최저량 이하로 떨어지지 않도록 하겠다는 정책이 채택되는 순간, 그만큼의 금은 존재하지 않는 거나 마찬가지가 되어 버렸다.

만일 내가 곤궁할 때를 대비해 100파운드를 저축해 놓겠다고 말한다면 나는 현명하다고 할 수 있다. 그러나 내가 아무리 곤궁해지더라도 그 100파운드만은 쓰지 않겠다고 말한다면 그 돈은 이미 내 재산으로서의 유효성을 상실한 것이다.

어떤 상황에서도 쓰지 않을 은행 준비금이라면 이 경우와 상황이 똑같다. 당연히 이것은 현금 보유량에 기초해 국가의 신용을 판단해왔던 미개한 사고방식의 유물이다. 일국 내에서 이루어지는 사적 거래들에서 금이 사용되던 관행은 이미 사라졌다. 1차 대전 전까지만 해도 금이 소액환으로 사용되었지만 전후에 성장한 사람들은 금화가 어떻게 생겼는지도 잘 모른다.

그런데도 아직까지 무슨 신비의 주문에라도 걸린 양, 재정적 안정성이 국가의 중앙 은행에 비축된 금의 양에 달려 있다고들 생각한다. 이 같은 허구는 지난 전쟁 당시 잠수함 전으로 인해 금 운송이 어려워졌을 때 한층 더 심했다. 남아프리카에서 캐낸 금 가운데 일부는 미국, 일부는 영국, 일부는 프랑스, 등등에 있다고 믿었지만 실제로 금은 모두 남아프리카에 남아 있었던 것이다.

차라리 좀더 비약해, 캐지 않고 땅속에 가만히 둔 채 금을 캤다고 생각하는 편이 어떤는지?

금의 강점은 이론상으로 각국 정부들이 부정직하게 나올 때를 대비한 안전 장치를 제공해 준다는 데 있다. 이 논리는 위기 상황에서도 금을 고수하도록 정부들을 강제할 방법만 있다면야 더할 수 없이 바람직하겠지만 실제로 정부들은 자신들이 유리할 때면 언제든 금을 포기해 버린다.

1차 대전에 참가했던 모든 유럽 국가들이 자국의 화폐 가치를 인하했고 그 과정에서 일부 부채의 지불을 거절했다. 독일과 오스트리아는 인플레이션을 통해 국내 부채의 지불을 모두 거절했다. 프랑스는 프랑의 가치를 종전보다 5분의 1 수준으로 떨어뜨림으로써 프랑으로 계산되는 모든 정부 부채 중 5분의 4를 지불 거절했다. 英貨 파운드는 금으로 종전의 4분의 3의 가치밖에 안 된다. 러시아인들은 부채를 갚지 않겠다고 솔직하게 밝혔지만 서구 여러 나라들로부터 극렬한 비난을 감수해야 했다. 아마 지불 거절에도 고상한 에티켓이 요구되나 보다.

사실, 정부들은 일부 사람들처럼 자신에게 이익이 될 땐 빚을 갚지만 그렇지 못할 땐 갚지 않는다. 금본위제 같은 순수하게 법적인 담보물은 비상시에 처하면 무용지물이 되어 버리고 경우에 따라선 불필요해지기도 한다. 개인의 경우, 돈을 빌리고자 하고 또 빌릴 수 있는 가능성이 있는 한 정직하게 나가는 것이 이롭다고 생각하지만 만일 그의 신용이 바닥났을 땐 도망가는 게 더 유리하다고 판단할 수도 있다.

한 나라의 정부가 국민들에 대해 가지는 입장은 다른 나라들에 대한 입장과는 또 다르다. 자국 국민은 정부 마음대로 할 수 있기 때문에 정부로선 국민들에게 정직해야 할 필요성을 느끼지 못한다. 다시 돈을 빌리고 싶을 때만 빼고 말이다. 전후 독일에서 보았듯이 국내에서 돈을 빌릴 수 있는 전망이 더 이상 없다 싶으면 정부는 자국 화폐 가치를 인하하는 방법으로 국내 부채를 깨끗이 정리해 버린다.

하지만 외채는 또 다른 문제다. 외국에 진 빚을 지불 거절했을 때, 러시아인들은 맹렬한 적색 선전으로 나오는 전 문명 세계와의 전쟁에 직면해야 했다. 대부분의 국가들은 이런 입장과는 다르기 때문에 외채에 대해 신경을 쓴다. 어느 정부에 돈을 빌려줄 때 어느 정도 안전성이 있는가를 결정하는 것은 금 본위제가 아니라 바로 이런 점이다. 그것은 불안한 안정성이지만 세계 정부가 존재하지 않는 한 더 이상 나아질 수가 없다.

흔히 경제상의 거래가 어느 정도까지 군사력에 의존하는가는 잘 드러나지 않는다. 부(富)는 부분적으로 사업 능력에 의해 획득되지만 그러한 능력은 육군이나 해군의 힘이란 틀 내에서만 가능하다. 네덜란드인들이 인디언으로부터 뉴욕을 넘겨받고, 다시 영국인들이 네덜란드로부터 넘겨받고, 이어 미국인들이 영국으로부터 넘겨받을 수 있었던 것은 모두 군사력이란 수단을 통해서였다.

미국에서 석유가 발견되었을 때 그것은 미국 시민들의 것이었다. 그러나 힘이 강하지 못한 나라에서 석유가 발견될 경우 어떻게 해서든지 간에 몇몇 강대국의 시민들이 그 소유권을 차지하게 된다. 이런 결과가 나오기까지의 과정은 흔히 위장술에 의해 가려지지만 그 배경에는 전쟁의 위험이 잠복해 있고 최종적으로 협상을 결말짓는 것은 바로 이 보이지 않는 위협인 것이다.

석유에 적용되는 이러한 원리는 통화와 부채에도 똑같이 적용된다. 화폐 가치를 내리거나 부채를 지불 거절하는 것이 정부에 이익이 될 때는 그렇게 한다. 남에게 진 부채를 갚는 것이 도덕적으로 온당하다며 법석을 떠는 나라들도 물론 몇몇 있지만 그들은 흔히 채권국들이다. 채무국들이 그들의 얘기에 귀를 기울이는 척하는 것은 그들의 얘기가 도덕적인 설득력이 있어서가 아니라 그들의 힘 때문이다.

그러므로 안정된 통화를 보장하는 방법은 딱 한 가지뿐이다. 군사력을 유일하게 소유한 세계 정부—군이 실제 형태를 갖추진 않더라도—를 가지는 것이다. 그 정부는 통화 안정에 관심을 가지고 재화의 평균이란 측면에서 변하지 않는 일정한 구매력을 지닌 통화를 선포할 수 있을 것이다. 이것이야말로 금이 지닐 수 없는 진정한 안정성이다. 또한 주권 국가가 난국의 시기에 금에 집착하는 일도 없을 것이다. 결국 금이 통화 안정을 보장한다는 얘기는 어느 모로 보나 불합리한 것이다.

나는 스스로 철저한 현실주의자로 자처하는 사람들로부터 사업하는 사람은 일반적으로 부자가 되길 원한다는 얘기를 귀에 못이 박이도록 들어왔다. 그러나 내가 관찰한 바로는 이런 얘기를 자신 있게 하는 사람들은 현실주의자이기는커녕 자신들이 몸담고 있는 세계의 가장 명백한 사실들조차 보지 못하는 감상적 이상주의자들이다. 만일 사업하는 사람들이 다른 사람들을 계속 가난하게 살도록 남겨 두고픈 마음보다 자신들이 부자가 되고자 하는 마음이 정말로 더 크다면 세상은 금방 파라다이스가 될 것이다.

금융과 통화가 좋은 예다. 안정된 통화와 안전한 신용이 정착

되면 업계 전반에 이익이 된다는 건 명백하다. 꼭 필요한 이 두 가지를 보장받기 위해선 단 하나의 세계적 중앙 은행이 있어야 하고 단 하나의 통화가 반드시 정착되어야 한다. 중앙 은행에서는 가능한 한 평균 물가에 변동이 없도록 지폐를 단속할 수 있어야 한다. 그러한 통화는 금 준비금에 기반을 둘 필요가 없으며, 하나의 중앙 은행을 재정 기관으로 거느린 세계 정부의 신용에 기반을 두게 될 것이다. 이 모든 것은 너무도 명백해서 세 살배기 어린아이라도 이해할 수 있을 것이다.

그런데도 사업하는 사람들은 이런 종류의 안을 결코 내놓지 않는다. 왜? 국가주의 때문이다. 다시 말해 그들은 자신들이 부자가 되는 것보다 외국 사람들이 가난하게 사는 것을 더 바라고 있기 때문이다.

또 하나의 이유는 생산자의 심리에 있다. 돈은 단지 상품으로 교환될 수 있기 때문에 유용한 것이라는 생각은 자명한 이치로 보인다. 그러나 이성적으로나 정서적으로 이것을 진실로 받아들이는 사람은 별로 없다. 거의 모든 거래에 있어 판매자가 구매자보다 즐거워한다. 만일 당신이 신발 한 켤레를 산다고 할 경우, 온갖 판매 기술이 당신에게 집중되고 당신에게 신발을 판 사람은 자기가 작은 승리를 따낸 것 같은 기분을 느끼게 된다.

반면에, 당신은 결코 이렇게 생각하지 않는다.

'먹지도 못하고 옷으로 이용할 수도 없는 이 더럽고 불결한 종잇조각들을 처분한 대신 멋진 새 신발을 가지게 되다니 얼마나 좋은가.'

우리는 파는 것과 비교해 사는 것이 더 중요하다고 여기지 않는다. 그 유일한 예외는 공급이 제한되어 있는 경우다. 거장(巨匠)의 작품을 사는 사람은 그것을 파는 사람보다 더 즐거울 수 있다. 그러나 생존해 있을 당시의 그 거장은 그림들을 파는 데서 기쁨을 느꼈을 게 틀림없다. 그리고 그 기쁨은 자신의 그림을 사주기로 되어 있는 후원자들보다 더 컸을 것이다.

우리가 사는 것보다 파는 것을 더 좋아하게 된 심리적 근원은 기쁨보다 힘을 더 좋아하는 데 있다. 물론 이것이 보편적인 특성은 아니다. 짧고 즐거운 인생을 좋아하는 낭비가들도 있으니 말이다. 그러나 경쟁시대를 대표하며 정력적으로 성공적인 삶을 살고 있다고 자부하는 사람들에겐 이러한 특성이 뚜렷하다.

일반적으로 부가 세습되던 시대에는 생산자의 이러한 심리가 지금보단 덜 지배적이었다. 사는 것보다 파는 데 더 열을 올리게 만드는 것은 바로 이 생산자의 심리이며 팔려고만 하고 사려고 하지 않는 우스꽝스런 세상을 만들어 내는 데 각국의 정부들이 열중하게 되는 이유도 바로 여기에 있다.

생산자의 심리는 경제적 관계들을 그 외의 다른 관계들과 구분 짓는 상황과 복잡하게 얽혀 있다. 당신이 어떤 상품을 생산해 팔고자 할 때 당신에게 특별한 중요성을 지니게 되는 두 부류의 사람들이 있다. 바로 당신의 경쟁자들과 고객들이다. 경쟁자들은 당신에게 해를 주고 고객들은 당신에게 이익을 준다. 당신의 경쟁자들은 뚜렷이 드러나고 비교적 소수인 반면 당신의 고객들은 흩어져 있고 대부분 정체 모를 사람들이다. 따라서 당신은 고객보다는 경쟁자들을 좀더 의식하게 된다.

한 집단 내에선 꼭 그렇지 않다 하더라도 외부 집단이 관계된 경우엔 그렇게 되는 것이 거의 확실하다. 따라서 외부 집단들은 우리의 경제적 이익을 앗아가는 존재로 여겨지게 된다. 바로 여기에서 보호주의 관세란 발상이 생겨난다. 다른 나라들을 잠재적 고객으로 보기보단 생산 경쟁자들로 보기 때문에 외국과의 경쟁을 피하기 위해 외국 시장을 잃어도 좋다고 생각한다.

옛날, 한 자그만 읍에 정육점 주인이 있었다. 그는 다른 정육점들이 자신의 고객을 뺏어가자 몹시 격분했다. 다른 정육점들을 망하게 하기 위해 그는 읍내 사람들을 모두 채식주의자로 만들어 버렸다. 그 결과 자신도 역시 망해야 하는 처지에 놓이자 그는 깜짝 놀랐다.

이 정육점 주인의 어리석음은 믿어지지 않을 정도지만 사실 강대국들의 어리석음에 비하면 별것도 아니다. 외국과의 무역이 다른 나라들을 살찌우는 것을 지켜본 강대국들은 일제히 관세 장벽을 세웠다. 그리곤 결국 자국도 경쟁국들 못지않게 피해를 보게 되자 모두들 당황했다.

무역이란 상호 보완적인 것이며 자국에 상품을 파는 외국이 직접적으로든 간접적으로든 자국의 상품도 사가게 되어 있다는 점을 생각하는 사람은 아무도 없었다. 이점에 생각이 미치지 못한 이유는 다른 나라에 대한 증오심 때문이다. 그 증오심이 외국과의 무역에 대해 명쾌하게 사고하는 것을 불가능하게 만들었던 것이다.

영국의 경우, 전쟁이 종식된 이후 정당 분열의 근거가 되었던 빈부 갈등이 생산업자들로 하여금 통화 문제를 이해하지 못하게 만들었다. 일반적으로 금융이 부를 대표한다고 여기기 때문에 모든 부자들은 은행가와 금융업자들의 지도에 따르는 경향이 있다. 그러나 실제로 은행가들의 이익은 생산업자들의 이익과 상충되어 왔다. 이를테면 디플레이션은 은행가들에겐 만족스러웠겠지만 영국 산업을 마비시켰다. 임금 노동자들에게 투표권이 없었더라면 전쟁 이후 영국의 정치는 금융업자와 생산업자 간의 치열한 싸움으로 점철되어 있을 거라고 나는 믿어 의심치 않는다.

그러나 임금 노동자들에 대항하기 위해 금융업자와 생산업자들이 결탁함에 따라 생산업자들은 금융업자들을 지지했고 그 결과 나라는 위기 일발의 상태까지 갔던 것이다. 그 상황에서 영국을 구해준 것은 금융업자들이 프랑스에게 패배했다는 사실뿐이었다.

영국뿐 아니라 세계 어디를 보더라도 최근 몇 년간 금융의 이익은 일반 대중의 이익과 상충되어 왔다. 이러한 상황이 저절로 변화될 가능성은 없다. 금융 업무가 오직 금융업자들의 이익만을 목표로 할 뿐 대중들에게 미치는 영향을 고려하지 않는 한, 현대 사회가 풍요해지기란 요원한 일이다.

이런 실정에서 금융업자들이 자유롭게 자기들의 이윤을 추구하도록 방치하는 것은 현명하지 못하다. 그것은 미술관의 큐레이터가 어쩌다 좋은 가격을 제의받을 때마다 소장품을 자기 마음대로 내다 팔도록 내버려 둠으로써 큐레이터가 자신의 이익을 위해 미술관을 경영하게 되는 경우나 다름없다.

사적 이익을 추구해도 그것이 일반의 이익을 증진시키는 것으로 이어지는 행위들이 있는가 하면 그렇지 못한 행위들도 있다. 과거에는 어쨌든 간에 오늘날의 금융이 후자의 부류에 속한다는 것은 두말할 나위도 없다.

따라서 정부가 금융에 관여해야 할 필요성이 점점 더 커지고 있다. 금융과 산업을 한 덩어리로 묶어 생각하도록, 따로이 금융 부문의 이익만이 아닌 전체의 이익을 극대화하는 것을 목표로 삼도록 만들 필요가 있는 것이다. 금융과 산업을 따로 떼어 놓으면 금융이 산업보다 막강하다. 그러나 금융의 이익보다 산업의 이익이 공동체의 이익에 좀더 가깝다. 과대해진 금융 세력으로 인해 세계가 위기에 처하게 된 이유가 바로 여기에 있는 것이다.

소수가 다수를 능가하는 힘을 획득하는 경우 그들은 어김없이 다수를 지배하는 일정한 미신의 도움을 받아 왔다. 고대 이집트에서 일식과 월식 현상이 당시 대중들에게 공포의 대상으로 여겨지고 있을 때 사제들이 그것을 예견하는 방법을 발견해 냈다. 결국 사제들은 다른 방법으론 결코 손에 넣을 수 없는 공물과 권력을 얻을 수 있었다. 왕들은 신성한 존재였고 따라서 찰리 1세의 목을 자른 크롬웰은 신성 모독의 죄를 지은 것으로 여겨졌다.

우리 시대의 금융업자들은 금을 숭배하는 미신의 도움을 받고 있다. 금 준비금이니, 어음 발행이니, 인플레이션, 디플레이션, 리플레이션, 기타 온갖 전문 용어들을 나열하면 보통 시민은 놀라서 말문이 막혀 버린다. 그런 문제들에 대해 청산 유수로 말하는 사람들은 대단히 똑똑한 사람임에 틀림없다고 느끼면서 그들의 말에 감히 의문조차 품지 못한다.

보통 시민에게 금의 기능을 설명해 보라고 하면 대단히 당황하겠지만 현대 사회에서 금이 차지하는 역할이 실제로 얼마 되지 않는다는 사실은 상상조차 하지 못한다. 그저 막연히, 자기 나라가 금을 많이 가지고 있으면 더 안전할 것으로 생각한다. 따라서 금 준비금이 증가했다고 하면 기뻐하고 줄었다고 하면 서운해한다.

일반 대중의 이러한 어리석은 면은 금융업자가 민주주의에 구속되지 않고 활동하는 데 꼭 필요한 조건이다. 물론, 그에겐 여론을 다루는 데 필요한 이점들이 그밖에도 많다. 그는 엄청나게 부자이기 때문에 대학에 재산을 기부할 수도 있고 그렇게 함으로써 대학 여론에 가장 큰 영향력 있는 부분을 자신의 편으로 확실하게 만들어 놓는다. 그는 금권 정치의 우두머리 위치에 있기 때문에 자연스럽게, 공산주의에 대한 두려움으로 꽉 찬 정치 사상을 가진 모든 이들의 지도자가 된다. 경제력의 소유자이기 때문에 그는 전 국가들을 골라 잡아 흥망을 분배할 수 있다.

그러나 미신의 도움이 없다면 이러한 무기들 중 어느 것도 충분치 못하다. 경제학은 모든 남자나 여자, 아이들에게까지, 모두에게 중요한 것임에도 불구하고 학교에서 이 과목을 가르치는 일이 거의 없으며 대학에서조차도 소수의 사람들만이 배우고 있을 뿐이라는 건 놀라운 사실이다. 게다가 그 소수조차도 정치적 이해관계가 걸려 있지 않는 한 마땅히 배워야 할 것을 배우지 못한다.

금권 정치로 기울지 않은 입장에서 경제학을 가르치는 몇몇 기관들이 있긴 하지만 그야말로 아주 극소수이고 일반적으로는 현존 경제 현상을 미화시키는 방식으로 가르친다. 내가 보기에 이 모든 것들이 '미신과 신비화는 재력을 가진 자들에게 봉사한다'는 사실과 연관되어 있다.

전문 능력을 가진 사람들은 대부분 공동체의 이익에 반(反)하는 성향을 가지고 있다. 군축 회의가 열리면 해군 및 육군 전문가들이 회담에 주요 걸림돌이 된다. 그 전문가들이 부정직해서가 아니라 그들이 가진 습관적 편견으로 인해 군비 문제를 적절한 시각으로 보지 못하기 때문이다.

이와 똑같은 일이 금융에도 그대로 적용된다. 그 자세한 내막에 대해선 현 제도에서 금융과 관련된 일에 종사하고 있는 사람들 외엔 누구도 쉽게 알 수가 없다. 그러나 그들이 전적으로 공정한 시각을 가질 수 없음은 물론이다. 이러한 사태를 치유하기 위해서는 세계의 민주주의 세력들이 금융의 중요성을 깨닫고 모두에게 폭넓게 이해될 수 있도록 금융 원리들을 간소화하는 방법을 찾아야 한다. 그것이 간단한 일이 아니라는 건 인정하지만 그렇다고 불가능한 일도 아니다.

현대 세계의 복잡성은 우리 시대 민주주의의 성공을 가로막는 장애물 가운데 하나로써, 정치적 문제들에 대해 보통 남녀들이 현명한 여론을 형성하거나 나아가 어떤 전문가의 의견이 가장 고려할 만한 것인가를 판단하는 일을 점점 더 어렵게 만드는 주범이다. 이 문제를 치유하려면 먼저 교육을 개선해야 한다. 그리고 사회 구조를 설명함에 있어 지금처럼 애매한 방식에서 벗어나 보다 이해하기 쉬운 방식을 찾아내야 한다.

또한 효율적인 민주주의를 믿는 모든 이들이 이러한 개혁에 호응해야 한다. 하지만 샴(타일랜드의 옛이름)이나 몽고의 외딴 곳이라면 모를까, 지금 세상에서 민주주의를 믿지 않는 사람이 있을까?

우리 시대 청년들의 냉소주의

On Youthful Cynicism

서방 세계의 대학을 방문하는 사람들은 지식층 청년들이 과거에 비해 훨씬 더 냉소적이라는 사실에 충격을 받게 된다. 이것은 러시아나 인도, 중국이나 일본에는 없는 현상이다. 체코슬로바키아, 유고슬라비아, 폴란드의 상황도 그렇지 않으며 심지어 독일에서도 결코 보편적인 현상은 아니다. 다만 영국과 프랑스, 미국의 지식층 젊은 이들에게만 두드러지는 특성임에 틀림없다.

서방의 젊은이들은 왜 냉소적인가. 그 이유를 이해하자면 동양의 젊은이들은 왜 냉소적이지 않은가부터 먼저 이해해야 한다.

러시아 젊은이들은 대체로 공산주의 철학을 받아들이기 때문에, 또한 그들에겐 지성의 힘이 개척해 주길 기다리는 천연 자원으로 가득한 커다란 국토가 있기 때문에 냉소적이지 않다. 그들의 눈앞에는 할 일이 쌓여 있으며 청년들은 그 일을 가치 있는 것이라고 느낀다. 유토피아를 건설하는 과정에서 도관을 깔고, 철도를 놓고, 일제히 4마일 전선에서 포드 트랙터를 사용하는 법을 농민들에게 가르치는 중이라면 누구라도 인생의 종말 따윈 생각하지 않을 것이다. 따라서 러시아의 젊은이들은 활기차고 열렬한 신념으로 가득차 있다.

인도의 진지한 젊은이들은 기본적으로 영국은 사악하다고 믿고 있다. 그들은 이 전제로부터 자신의 철학 체계를 연역해 낸다. 마치 데카르트가 존재라는 개념으로부터 전 철학 체계를 이끌어 낸 것처럼. 영국이 기독교 나라라는 사실로부터 힌두교나 회교—경우에 따라 어느 것이든—가 유일하게 진정한 종교라는 결론이 나온다. 영국이 자본주의 및 산업주의 국가라는 사실로부터 논리가의 기질에 따라 모두 물레로 실을 자아야 한다거나, 토착 산업주의와 자본주의가 영국에 맞설 유일한 무기이므로 그 부문의 발전을 위해 보호 관세를 부과해야 한다고 주장한다.

영국인들이 물리력으로 인도를 장악하고 있다는 사실로부터 도덕의 힘만이 존경받을 만한 것이라는 결론이 나온다. 인도에서 애국적인 행위들을 박해해 봤자 오히려 그들을 영웅으로 만들어 주는 결과밖에 안 된다. 영연방 인도인들은 이런 식으로 인도의 지식층 청년들을 냉소주의라는 병충해로부터 구해 낸다.

중국에서도 영국에 대한 증오가 한몫을 하지만 영국인들에게 정복 당한 일은 없으므로 인도에서 보단 훨씬 작은 역할에 그친다. 중국 청년들은 50년 전 일본에서 그랬던 것처럼 애국심과 함께 서양 문물에 대한 진지한 열정을 가지고 있다. 그들은 중국 민족이 자유롭고 번영된 모습으로 계몽되길 원하기 때문에 그러한 목표를 위해 열심히 일한다. 그들의 이상은 대체로 19세기적 이상들이지만 중국에서는 새로운 이상이었다. 중국에서의 냉소주의는 제국주의 체제의 관리들에게 만연했으며 서로 대립하는 통에 1911년 이후로 나라를 혼란에 빠뜨려 온 군부들 사이에 잔존해 왔지만 현대 지식인들의 성향에는 들어설 자리가 없다.

일본의 젊은 지식인들의 견해는 1815년에서 1848년 사이 유럽 대륙에 팽배했던 견해와 크게 다르지 않다. 의회 정치, 국민의 자유, 사상과 언론의 자유 등 자유주의 구호들이 여전히 세력을 떨치고 있다. 전통적 봉건주의와 귀족주의에 대한 투쟁은 젊은이들을 바쁘고 열정적으로 살아가도록 부추긴다.

이 모든 정열이 서구의 눈높은 젊은이들에겐 약간 유치하게 보인다. 그들은 자신이 이 모든 것을 골고루 공부하면서 만사를 꿰뚫어 보며 '세상을 비추는 달 아래 놀라운 것은 아무것도 없음'을 알아냈다고 굳게 확신하고 있다. 이렇게 된 이유 가운데 많은 부분은 물론 옛것을 가르치는 교육에 있다. 그러나 나로선 그것이 이 문제의 근본에 닿아 있다곤 생각지 않는다. 다른 상황에서의 젊은이들은 옛 가르침에 반항하면서 자신들 나름대로의 진실을 성취하고 있기 때문이다.

오늘날 서양의 젊은이들이 냉소주의만으로 대응하고 나온다면 이 상황에 뭔가 특별한 이유가 있음에 틀림없다. 젊은이들은 들은 대로 믿으려 하지 않을 뿐 아니라 아무것도 믿으려 들지 않는다. 이것은 연구해 볼 가치가 있는 기이한 사태다.

우선, 과거의 몇몇 이상들을 하나하나 돌아보며 그것들이 왜 이젠 예전과 같은 충정을 불러일으키지 못하는가 살펴보기로 하자. 종교, 국가, 진보, 아름다움, 진리. 젊은이들의 눈에 이런 것들은 어떤 문제가 있는 것일까?

종교

이 문제는 한편으로는 지적인 문제이고 또 한편으로는 사회적인 문제다. 지적인 측면을 보자. 능력 있는 사람들 가운데서 이를테면 성토마스 아퀴나스 정도로 종교적 믿음이 열렬한 사람은 몇 안 된다. 대부분 현대인들의 신은 약간 모호해서 '생의 약동'(베르그송 철학의 용어—역주)이나 '정의를 실현하는 외적인 힘' 따위로 전락해 버리기 쉽다. 신자들조차도 스스로 믿는다고 공언하는 저 세상이 아닌 이 세상에서의 종교의 효력에 더 많은 관심을 기울인다.

결국 그들은 '이 세상이 신의 영광을 위해 창조되었다'란 말을, '신은 이 세상을 개선하는 데 유용한 가설이다'란 말을 믿는 만큼도 확신하지 않는다. 신을 현세 생활의 필요보다 하위에 둠으로써 자신들의 믿음에 의혹을 던진다. 그들은 신도 안식일처럼 인간을 위해 만들어졌다고 생각하는 모양이다.

교회를 현대 이상주의의 기반으로 받아들이지 못하게 만든 데는 사회적 이유들도 있다. 교회들은 기부를 통해 재산을 모으는 일에만 급급했다. 게다가 젊은이들이 보기엔 아무 해도 없을 듯한 여러 가지 쾌락들을 비난하고, 회의론자들이 보기엔 불필요하게 잔인해 보이는 많은 고통을 강제하는 억압적인 윤리에도 문제가 있다.

나는 그리스도의 가르침을 성심껏 받아들이는 착실한 젊은이들을 알고 있다. 그런데 그들은 어느새 기독교 공식 교단과 적대적 입장에 놓여 있는 자신을 발견했다. 그리하여 마치 그들이 호전적인 무신론자라도 되는 양 배척당하고 박해의 대상이 되어 버린 것이다.

국가

애국심은 여러 곳에서 오랜 동안 열정적인 신조가 되어 왔고 최고의 지성들도 최대한 지지해 주었다. 영국에서는 셰익스피어 시대가 그러했고 독일선 피히테, 이탈리아에선 마치니의 시대가 그러했다. 폴란드와 중국, 외몽고에선 지금도 마찬가지다.

서구에서 애국심은 여전히 막강한 힘을 지니고 있어 정치, 공공 지출, 군사력 등의 분야에 영향을 미친다. 그러나 지식층 청년들은 더이상 애국심을 시대에 적합한 이상으로 인정하지 않으려 한다. 억압받는 나라들에선 더할 수 없이 좋은 이상이었지만 억압받던 나라가 자유를 얻는 순간부터 과거엔 영웅이었던 애국심이 억압적으로 변한다고 보는 것이다.

마리아 테레사(1717~1780: 오스트리아 대공비, 헝가리 및 보헤미아의 여왕—역주)가 '울면서 간' 이후로 이상주의자들에 대해 동조적이었던 폴란드 사람들은 자신들의 자유를 우크라이나에서 압제를 유지하는 데 사용했다. 영국인들로부터 8백 년에 걸쳐 문명을 강요당해 왔던 아일랜드인들은 자신들의 자유를 많은 양서들의 출판을 금지하는 법안을 통과시키는 데 사용했다. 폴란드인들이 우크라이나인들을 살육한 것이나, 아일랜드인들이 문학을 살육한 불쾌한 광경은 작은 나라에서조차도 애국심이 부적합한 이상으로 보이게 만든다.

얘기가 강대국에 이르면 그러한 주장은 좀더 설득력이 있다. 베르사이유 조약은 자신들의 통치자들이 배신한 이상을 수호하다가 다행히 운이 좋아 살아 남은 사람들에겐 그다지 위안이 되지 못했다. 전쟁 중에 군국주의와 싸우고 있다고 외치던 사람들이 결국

엔 각각 자기 나라의 주요 군국주의자들이 되었다. 이 같은 사실들은 모든 지식층 청년들로 하여금 애국심은 우리 시대의 으뜸가는 재앙이며 그것을 가라앉히지 못하면 문명의 종말을 초래하게 될 것이라고 생각하게 만들었다.

진보

이것은 눈이 높은 젊은이가 보기엔 너무도 많은 속물적인 사람들이 얘기해 온 19세기의 이상에 불과하다. 진보는 필연적으로 생산된 자동차 대수나 소비된 땅콩 개수 같은 중요하지 않은 것들로 측정하게 된다. 정말로 중요한 것들은 측정할 수가 없다. 게다가 현대의 많은 발명품들은 사람들을 멍청하게 만드는 경향이 있다. 예를 들면 라디오, 유성 영화, 독가스 따위가 그러하다. 셰익스피어는 한 시대의 우수성을 시 양식으로 평가했지만(소네트 32를 보라.) 그런 측정 방식은 시대에 뒤떨어진 것이다.

미(美)

이유는 말하기 힘들지만 미라고 하면 어쩐지 구식인 것처럼 들리는 면이 있다. 만일 미를 추구했다고 한다면 현대 화가들은 매우 분개할 것이다. 요즘 예술가들은 대부분 평정한 만족을 주기보단 의미심장한 고통을 주고 싶은 듯, 세상에 대한 분노 같은 것에서 많은 영감을 받는 것처럼 보인다.

　게다가 미 가운데 많은 종류는 지적인 현대인에게 불가능할 정도로 진지하게 자기 자신을 받아들일 것을 요구한다. 아테네나 플로렌스 같은 자그만 도시 국가의 저명한 시민은 별 어려움 없이 자기 자신이 중요하다고 느낄 수 있었다. 지구는 우주의 중심이고 인간이 창조의 목적이며, 그의 도시는 인간이 최고 절정에 있음을 보여 주었고, 그 자신은 그 도시의 최고 가운데 속했다.

그런 환경에서 아이스킬로스(그리스의 비극시인, 극작가)나 단테는 자신의 기쁨과 슬픔을 진지하게 받아들일 수 있었다. 그들은 인간의 정서가 중요하다는 것, 비극적인 일은 불멸의 시구로 찬양할 가치가 있다는 것을 느낄 수 있었다. 그러나 현대의 인간은 불행이 공격해 오면 스스로를 통계상 총계 속의 한 단위로 의식한다. 사소한 패배들의 서글픈 행렬 속에 과거와 미래가 그의 앞에 펼쳐진다. 인간 자체가 무한한 침묵 중간중간 짧은 막간을 이용해 고함치고 법석을 떨며 활보하는 우스꽝스런 동물로 보인다.

"머물 곳이 없는 인간은 가엾게 벌거벗겨진 채 포크에 찍힌 동물에 다름아니다."고 말한 리어 왕의 생각은 그 당시 익숙한 것이 아니었기 때문에 그를 광기 쪽으로 내몰았다. 그러나 현대의 우리에겐 익숙하고 평범한 생각일 뿐이다.

진리

옛날에는 진리가 절대적이고 영원하고 초인간적인 것이었다. 나 자신도 젊을 때는 진리를 찾느라 청춘을 허비했다. 그러나 진리를 살해하기 위한 적들이 패거리로 부상하기 시작했다. 실용주의, 행동주의, 심리 분석주의, 상대성 물리학이 그것이다.

갈릴레오와 종교 재판소는 지구가 태양 주위를 도느냐, 태양이 지구 주위를 도느냐를 두고 의견이 맞섰다. 이 두 견해 사이에는 큰 차이가 있다는 생각엔 의견의 일치를 보았다. 그러나 그것은 양측 모두가 잘못 생각한 것이다. 그들의 차이는 단지 말의 차이였을 뿐이다.

옛날에는 진리를 숭상할 수 있었고 실제로 인간적 희생을 실천함으로써 숭배의 성실성을 입증해 보이기도 했다. 그러나 단순히 인간 중심적이고 상대적인 진리를 숭배하기란 어려운 일이다. 에딩턴에 따르면 중력의 법칙조차도 측정을 위한 편리한 협정에 불과하다. 측정 체계가 피트나 야드보다 더 나을 것도 없는 것처럼 다른 관점보다 더 진실할 것도 없는 것이다.

자연과 자연의 법칙이 암흑 속에 숨어 있었다;
신이 말했다, '뉴턴이 있게 하라', 그리고 측정이 용이해졌다.

위 표현의 정서엔 장엄함이 결여되어 있다. 스피노자가 뭔가를 믿었을 때 그는 자신이 신의 지적 사랑을 누리고 있다고 생각했다. 마르크스처럼 인간은 경제적 동기에 의해 움직인다고 생각하거나, 프로이드처럼 지수 법칙이나 홍해의 동물군 분포에 대한 믿음의 기초가 되는 것은 성적 동기라고 믿는 게 현대의 인간이다. 어느 경우든 간에 현대인은 스피노자와 같은 환희를 맛볼 수 없을 것이다.

우리는 지금까지 현대의 냉소주의가 어떤 지적 이유를 가지고 있는지 합리적으로 살펴보았다. 그러나 현대 심리학자들이 귀가 닳도록 해대는 말처럼 믿음이란 것이 합리적 동기에 의해 결정되는 경우는 드물다. 그 점은 불신도 마찬가지다. 회의론자들은 흔히 이 점을 간과하지만.

어느 정도 만연된 회의주의는 지적 원인보다는 사회적인 원인을 가지는 경우가 많다. 그 주요 원인은 언제나 힘이 없는 것에 대한 위안이다. 힘을 가진 자들은 냉소적이지 않다. 자신들의 사상을 집행할 수 있기 때문이다. 압제의 희생자들도 냉소적이지 않다. 그들은 증오로 가득 차 있으며 증오란 것은 다른 강한 열정들과 마찬가지로 부수적인 일련의 믿음들을 수반하기 때문이다.

교육과 민주주의와 대량 생산이 등장하기 전까진 어느 곳에서나 지식인들이 상당한 영향력을 가지고 있었고 수뇌들이 쓰러졌더라도 영향력은 결코 줄어들지 않았다. 그러나 현대의 지식인들은 대단히 달라진 상황에 처해 있다. 선전가가 되거나 법정의 어릿광대가 되어 어리석은 부자들에게 서비스를 팔 마음이 있다면야 좋은 일자리와 높은 수입을 확보하는 것이 결코 힘들진 않다. 대량 생산과 초등 교육으로 인해 어리석음이 문명의 발흥 이후 그 어느 때보다도 견고해졌기 때문이다.

짜르 정권이 레닌의 형제들을 살해했지만 그것이 레닌을 냉소주의자로 바꿔 놓진 못했다. 오히려 증오가 일생에 걸쳐 활동력을 불러일으켰기 때문에 그는 결국 성공했다. 그러나 보다 안정된 서구의 국가들에는 증오를 불러일으킬 만한 강력한 원인이나 대단한 복수의 기회 따위는 존재하지 않는다.

지식인들이 볼 때 자신들에게 일을 지시하고 대가를 주는 정부나 부자들의 목적이 해롭기까진 않다 하더라도 불합리하게 보이는 경우가 많다. 그러나 약간만 냉소적으로 되면 그 상황에 자신의 양심을 맞출 수가 있다.

물론 대단히 존경할 만한 작업을 권력이 원하는 경우도 있긴

하다. 미국의 경우 그 가운데 으뜸이 과학이고 그 다음이 공공 건축
이다. 그러나 어떤 사람이 받은 교육이 문학적인 것이라면—이것은
너무도 흔한 경우다— 그는 22살이 되었을 때 자신이 상당한 능력
을 가지고 있음에도 자기가 중요하다고 생각하는 어떤 방법으로도
발휘할 기회가 없다는 걸 깨닫게 된다.

　과학을 하는 사람들은 서구에서조차도 냉소적이지 않다. 그들
은 그 사회의 전폭적인 승인과 더불어 자신의 최대 기량을 발휘할
수 있기 때문이다. 하지만 그들은 현대의 지식인들 가운데 예외적
으로 운이 좋은 것이다. 만일 이러한 진단이 옳다면 목사나 선생들
이 낡아빠진 미신의 녹슨 병기고에서 낚아 올린 이상들보다 좀더
나은 이상을 설교하거나 젊은이들 앞에 제시하는 것만으론 현대의
냉소주의는 치유될 수 없다. 지식인들이 자신들의 창조적인 충동을
구체화하는 직업을 찾아낼 수 있을 때만 치유가 가능하다.

　나로선 과거 디즈레일이 주장한 낡은 처방 외엔 다른 어떤 처
방도 찾아낼 수 없다.

　"우리의 스승들을 교육시켜라."

　하지만 그것은 현재 가난한 사람들이나 부자들에게 각각 행해
지는 교육보다는 좀더 현실적인 교육이어야 한다. 또한 아무도 즐
길 시간이 없을 정도로 많은 상품을 생산하고자 하는 실용주의적
소망만 고려할 것이 아니라 문화 가치들을 어느 정도 고려하는 교
육이어야 할 것이다.

　인체에 대해 알지 못하는 사람에겐 의료 행위가 허용되지 않는
다. 그러나 재정가는 자기 행위가 가져올 여러 가지 영향들에 대해
전혀 몰라도 자유롭게 일할 수 있다. 물론 자신의 은행 구좌에 미칠

영향은 빈틈없이 챙기겠지만.

경제학과 그리스 시에서 시험에 통과하지 못한 사람은 증권 거래소에서 일할 수 없게 되어 있다면, 또한 정치가들은 반드시 역사와 현대 소설에서 상당한 지식을 갖추도록 되어 있다면, 세상은 그얼마나 유쾌할 것인가!

한 부호가 다음과 같은 질문을 받는다면 어떨지 상상해 보라.

"당신이 밀을 매점한다면 독일 시에 어떤 영향을 미칠 것 같소?"

대규모 조직의 증가로 현대의 인과 관계는 과거 그 어느 때보다 복잡하고 원거리적이다. 그런데도 그러한 조직들을 통제하는 사람들은 자신의 행동이 낳을 결과의 100분의 1도 모르는 무지한 사람들이다.

라블레(1494?~1553: 프랑스의 의사이자 풍자 작가—역주)는 대학에서 자리를 잃을까 두려워 익명으로 자신의 책을 출간했다. 현대판 라블레가 있다면 아예 그런 책을 쓰지도 않을 것이다. 익명으로 해봤자 완벽에 가까운 공개 방식에 의해 금방 들통이 나리라는 것을 잘 알고 있기 때문이다.

세계의 통치자들은 언제나 어리석었다. 그러나 과거의 통치자들은 오늘날의 통치자들 만큼 막강하진 않았다. 그러므로 우리들에겐 그들을 지적으로 만드는 확실한 방법들을 찾아내는 일이 과거보다 훨씬 더 중요해졌다. 해결할 수 없는 문제일까? 나는 그렇게 생각하진 않지만 쉬울 거라고도 결코 주장하지 못하겠다.

현대 사회의 획일성

Modern Homogeneity

미국을 여행해 본 유럽인은, 적어도 나 자신의 경험으로 판단할 때, 두 가지 특이한 점에 충격을 받는다.

첫째는 미국 어느 지역을 가나 경관이 대단히 비슷하다는 점이고(단 舊남부 지역은 빼고), 둘째는 각 지역이 다른 지역들과 다른 특색이 있음을 입증하는 데 열심이라는 점이다. 이 두 번째 특징은 물론 첫번째 특징에서 연유한다.

어느 지역이나 자기 지역만의 자랑거리를 갖고 싶어하는 것은 당연하다. 따라서 지형이나 역사, 전통에 있어 독특하다 싶으면 뭐든 소중히 여긴다. 획일성이 크면 클수록 그 획일성을 완화하는 차이점을 찾는 일에 더 열심이다.

사실 구 남부는 미국의 타지역과 다른 면이 많다. 마치 다른 나라에 온 느낌이다. 남부는 농업 위주에, 귀족주의적이고 복고적인 반면 미국의 나머지 지역들은 산업 위주에, 민주주의적이고 미래 지향적이다. 내가 구 남부를 뺀 미국이 산업주의적이라고 한 것은 농업에만 전념하는 지역들까지도 염두에 두고 한 말이다. 미국 농부의 사고 방식 자체가 산업주의적이기 때문이다. 그는 최신 기계를 많이 이용하고 철도나 전화에 크게 의존한다. 자신의 산물을 내보내는 원거리 시장들을 끊임없이 의식하는 그는 사실상 다른 사업을 하는 편이 나을 정도로 자본주의적이다.

유럽과 아시아에 존재하는 전통적인 농부 상을 미국에선 거의 찾아볼 수 없다. 이것은 미국에겐 엄청난 혜택이자 구세계와 비교되는 미국의 우수성 가운데 가장 중요한 것인지도 모른다. 구세계에선 어디에서나 농부들이 무자비하고 욕심스럽고 보수적이고 비능률적이기 때문이다.

나는 시칠리아에 있는 오렌지 농장과 캘리포니아의 오렌지 농장에 가 보았다. 그 두 곳의 차이는 2천 년 정도의 기간에 상당할 정도였다. 시칠리아의 오렌지 농장들은 기차나 선박들과 멀리 떨어져 있다. 옹이 투성이의 오래된 과수들이 아름답긴 하지만 영농 방식은 전통적인 옛 방식이다. 그곳 사람들은 로마 노예들과 아랍 침략자들의 혼혈 자손들로 무지하고 半야만적이다. 과수에 대한 정보를 갖고 있지 못한 그들은 동물들을 잔혹하게 부림으로써 정보의 결핍을 만회한다.

도덕적 타락과 경제적 무능엔 본능적인 미적 감각이 따라다니게 마련인데 그것은 언제나 테오크리토스(그리스의 목가 시인—역주)의 미적 감각과 '헤스페리데스 동산'의 신화(대지의 여신 가에아가 결혼 축하로 헤라에게 선사한 황금 사과가 심어진 동산을 요정 헤스페리데스들과 라돈이란 용이 지켰다는 신화—역주)를 떠올리게 만든다.

캘리포니아의 오렌지 농장은 '헤스페리데스의 동산'과 거리가

멀다. 모두 똑같이 생긴 과수들이 공들여 돌봐지고 있으며 정확한
간격으로 늘어서 있다. 오렌지들도 모두 크기가 같은 건 아니지만
기계들이 크기별로 분류하므로 한 상자에 들어가는 오렌지들의 크
기는 거의 똑같다. 그렇게 적절한 기계들에 의해 적절한 조치가 취
해진 오렌지들이 적절한 냉동차에 실려 적절한 시장까지 여행하게
된다.

기계가 오렌지들 위에 '썬키스트'란 단어를 찍어내지 않는다
면 그 오렌지의 생산에 자연이 어떤 역할을 했음을 연상시킬 수 있
는 건 아무것도 없다. 심지어는 기후까지도 인공적이어서 서리가
내려야 할 계절에도 오렌지 농장은 증기 서린 덮개에 의해 보온된
다. 이런 식의 농업에 종사하는 사람들은 스스로를 옛 시대의 농부
들처럼 자연의 힘에 매여 묵묵히 일만 하는 하인이라곤 결코 느끼
지 않는다. 반대로 스스로를 주인으로, 자신들의 의지대로 자연을
굴복시킬 수 있다고 믿는다.

따라서 미국에선 산업가와 농부의 시각이 구세계처럼 그렇게
큰 차이가 없다. 미국에서 중요한 환경 요소는 인간의 역할이다. 그
에 비해 인간 외적인 요소는 다소 무의미해진다. 남부 캘리포니아
에서는 기후가 사람들을 '로터스 이터스'(그리스 신화에서 로터스 열
매를 먹고 황홀경에 들어가 세상 일을 잊은 사람들; 쾌락주의자—역주)
로 만들 것이라는 점을 끊임없이 확인하려 했지만 고백하건대 사실
나는 그 증거를 전혀 보지 못했다.

내가 보기에 그들은 미네아폴리스(미국 미네소타 주의 도시—역
주)나 위니페그(캐나다 남부의 도시—역주) 사람들과 별반 다를 게
없었다. 물론 그 두 지역의 기후나 경관이나 자연 조건들은 많이 다

르지만.

노르웨이인과 시칠리아인의 차이를 살펴보고 다시 (이를테면) 북 다코타 사람들과 남부 캘리포니아 사람들은 왜 뚜렷한 차이가 없을까 생각해 보면 인간이 물리적 환경의 노예가 되지 않고 주인이 됨으로써 초래된 인간사의 엄청난 혁명을 발견하게 된다.

노르웨이와 시칠리아는 둘 다 옛 전통을 지니고 있다. 또한 기독교 이전에 기후에 대한 사람들의 반응을 구체화한 종교가 있었다는 것, 그래서 이 두 나라에 들어온 기독교는 매우 다른 형태를 띨 수밖에 없었다는 공통점이 있다. 노르웨이 사람들은 얼음과 눈을 무서워했다. 시칠리아인들은 용암과 지진을 두려워했다. 지옥은 남부의 기후에서 만들어진 개념인데 만일 노르웨이에서 창안되었더라면 아마 혹한의 의미를 갖게 됐을 것이다. 하지만 북 다코타나 남부 캘리포니아 두 지역 모두 기후 조건이 지옥은 아니었다. 다만 지금 시장의 경색이 문제였다. 현대 생활에서 기후가 그다지 큰 중요성을 갖지 않는다는 것을 이 경우에서도 잘 보여준다.

미국은 인간이 만든 세계이지만 또한 인간이 기계에 의해 만들어진 세계이기도 하다. 물질 환경뿐 아니라 사고와 정서까지 말이다. 참으로 떠들썩한 살인이 났다고 치자. 살인범은 물론 방법에 있어 원시적이었겠지만 그의 행위에 관한 정보를 퍼뜨리는 사람들은 온갖 과학 수단들을 동원한다. 대도시뿐 아니라 초원 지대의 외로운 농가나 로키 산맥의 광산 노숙지에 이르기까지, 라디오가 온갖 첨단 정보들을 퍼뜨리고 그 결과 어느 특정한 날 전국 모든 가정의 대화가 절반은 똑같아지는 것이다.

내가 기차를 타고 평원을 지나고 있을 때였다. 확성기로 왕왕

울려대는 허풍치는 비누 선전에 얼굴을 찌푸리고 있으려니 한 늙은 농부가 웃으며 말했다.

"요즘은 어딜 가든 문명에서 벗어날 수가 없지요."

아하! 정말 옳은 얘기다! 나는 버지니아 울프를 읽으려고 애써 보았지만 그날은 끝내 그 광고가 승리를 거두었다.

사고나 여론이 획일화되는 것은 물질적인 생활 기구가 획일화 되는 것보다 훨씬 위험한 일이다. 하지만 그것은 현대의 발명품들 이 가져오는 불가피한 결과이다. 여러 개의 작은 단위들로 나누어 생산할 때보다 하나로 통합해서 대규모로 생산할 때 비용이 더 절 감된다. 이것은 핀 생산뿐 아니라 여론의 생산에도 딱 들어맞는 얘 기다.

오늘날의 여론은 주로 학교나 교회, 언론, 영화, 라디오 등을 통해 만들어진다. 시청각 기구를 사용하는 일이 늘어날수록 초등학 교들에서 가르치는 내용들이 점점 더 규격화되는 것도 불가피한 일 이 될 것이다. 내 생각엔 영화와 라디오가 학교 교육에서 압도적으 로 중요한 역할을 하게 될 날이 머지않은 것 같다. 그렇게 되면 하 나의 센터에서 수업이 생산되고 이 센터에 준비된 자료를 이용하는 곳이면 어디에서든 똑같은 수업이 이뤄지게 되는 것이다.

내가 듣기론 교육이 부족한 산하 목사들을 대상으로 매주 한 번씩 라디오로 모범 설교를 방송하는 교회들이 있다고 한다. 아무 리 목사라 해도 사람인 이상, 설교를 만들어 내는 수고를 덜어준 데 대해 당연히 감사할 것이다. 이 모범 설교는 물론 그때그때 가장 심 각한 주제들을 다루면서, 국토 전역 사방팔방에서 특정한 집단 정 서를 불러일으킬 것이다.

이런 현상은 어디서나 똑같은 뉴스들을 전송받고 대규모 신디케이트로 조직되어 있는 언론 분야에서 더 심각하다. 나는 내 책들에 관한 평이 최고 신문들을 제외하고 뉴욕에서 샌프란시스코에 이르기까지, 또한 메인에서 텍사스에 이르기까지, 문자 그대로 똑같다는 것을 알고 있다. 동북부에서 서남부로 가면서 글이 점점 짧아진다는 것만 빼고 말이다.

어떻게 보면 현대 세계의 획일화를 조장하는 가장 큰 요소는 영화라고 할 수 있다. 그 영향력이 미국 내에 그치지 않고 소련을 제외한 세계 전지역들로 침투되기 때문이다. 물론 소련에도 그 나름의 색다른 획일성이 존재하고 있긴 하지만.

노골적으로 말하자면 영화는 미국 중서부에서 좋아하는 것들을 헐리우드식으로 구체적으로 표현해 낸다. 사랑과 결혼, 출생과 죽음에 대한 우리의 정서들이 이 조리법에 따라 규격화되어 간다. 부를 누리는 즐거움과 부를 획득하기 위해 택해야 하는 방법들을 동시에 보여줌으로써 헐리우드는 전세계 젊은이들에게 현대성의 결정판으로 부상하고 있다. 나는 영화가 얼마 안 가 만국 공통어를 만들어 낼 것이고 그것은 바로 헐리우드의 언어일 것이라고 생각한다.

미국에서 획일화는 비교적 무식한 분야만의 문제는 아니다. 정도는 다소 덜 하지만 문화에서도 똑같은 일이 일어나고 있다. 나는 미국 전역의 서점들을 방문해 보았는데 어디서나 똑같은 베스트셀러들이 눈에 잘 띄게 전시되어 있었다. 미국의 교양 있는 숙녀들은 매년 12권 정도의 책을 산다고 하는데 내 생각엔 아마도 그 12권이 어느 지방에서나 똑같을 것이다. 이것은 어느 작가에겐 대단히 만족스런 현상일 것이다. 그 12권의 책 중에 자기 책이 들어 있다면 말이다. 많이 팔리는 소수의 책보단 적게 팔리는 다수의 책들이 존재하는 유럽과는 매우 다른 현상임에 틀림없다.

획일성으로 나아가는 경향이 전적으로 좋다거나 전적으로 나쁘다는 식으로 생각해선 안 될 것이다. 이러한 경향에는 단점도 있고 장점도 있다. 최고의 장점은 사람들이 평화적으로 협력할 수 있도록 만든다는 것이다. 단점은 사람들로 하여금 소수를 박해하는 경향을 만든다는 점이다. 후자의 결점은 아마도 일시적일 것이다. 조만간 소수들이란 존재 자체가 사라질 것이기 때문이다.

획일성이 성취되는 과정에는 당연히 아주 많은 문제들이 있다. 예를 들어 학교라는 제도가 남부 이탈리아인들에게 무엇을 해주는지를 생각해 보자. 남부 이탈리아인들은 미국 역사상 살인과 부정 수뢰와 미적 감성에서 뛰어난 사람들로 알려져 왔다. 공교육 제도는 이 셋 중 마지막에 대해선 큰 효과를 발휘해 그들을 토박이 미국 인구에 동화시키는 정도까지 가겠지만 나머지 두 가지 특질에 대해 학교가 거두는 성공은 기대에 못미칠 것으로 추측된다.

이 경우는 획일화를 목표로 할 때 생겨날 수 있는 위험을 잘 보여 준다. 즉, 좋은 자질은 나쁜 자질보다 파괴하기가 쉽다는 것. 따라서 획일화는 모든 기준들을 낮추는 방법을 통해 가장 손쉽게 얻어진다는 점이다. 물론 외국인 인구가 많은 나라이니만큼 학교를 통해, 이민자들의 자녀들을 동화시키려 노력해야 할 것이며 따라서 일정 정도의 미국화가 불가피하다는 건 분명하다. 하지만 불행하게도 이 같은 획일화 과정의 많은 부분이 다소 과도한 국가주의에 의해 영향받고 있는 것이 사실이다.

미국은 이미 세계 최강의 국가이며 그 우위는 점점 더 커지고 있다. 이 점은 당연히 유럽인들의 우려를 불러일으키며 호전적인 국가주의의 기미가 보일 때마다 우려는 더욱 커진다. 어쩌면, 유럽에게 멋진 정치 감각을 가르쳐주는 것이 미국의 운명인지도 모르겠지만 배우는 학생은 분명히 고집이 셀 것이다.

미국에는 획일화 경향과 더불어 민주주의에 대한 그릇된 관념이 퍼져 있는 듯하다. 민주주의는 모든 사람이 똑같기를 요구하며, 따라서 어떤 사람이 다른 어떤 사람과 조금이라도 다른 게 있다면 그는 스스로를 상대보다 우월하다고 '우쭐댄다'고 받아들인다.

프랑스도 미국 못지않게 민주적인 나라지만 이런 관념은 존재하지 않는다. 의사든, 법률가든, 성직자든, 정부 관료든, 프랑스에선 모두들 제각각의 유형들이다. 다른 직업에 대해 우월함을 내세우지 않음에도 불구하고 직업마다 그 나름의 전통과 기준이 있다.

미국에서는 모든 전문인들이 기업가란 틀로만 평가된다. 마치 오케스트라를 바이올린만으로 구성하라고 법령으로 정해 놓은 것과 같다. 사회는 다양한 기관들이 다양한 역할을 해내는 하나의 틀 또는 조직이어야 한다는 사실에 대한 적절한 이해가 없는 것처럼 보인다.

보는 것이 낫냐, 듣는 것이 낫냐를 두고 눈과 귀가 서로 다투다가 동시에 두 가지는 못하니까 둘다 하지 말자고 결정하는 경우를 상상해 보라. 내가 보기엔 미국에서 이해된 민주주의가 바로 이렇다. 그것이 무엇이든 보편적이지 않은 탁월함에 대한 기묘한 질시가 만연해 있다.

물론, 운동 분야만은 예외다. 이 분야에선 귀족주의가 열렬하

112

게 환호받는다. 보통 미국인은 자신의 두뇌보다는 신체에 대해서 겸손하다. 이것은 아마도 머리에 대한 경탄보다도 근육에 대한 경탄이 더 뿌리깊고 순수하기 때문일 것이다.

미국에서는 대중 과학서들도 과학에는 전문가들만이 이해할 수 있는 측면이 있다는 점을 마지못해 인정할 때 비로소 인기를 얻게 된다. 그것도 물론 전체가 아니라 일부 사람들에게나 가능한 일이지만. 예컨대 상대성 이론을 이해하기 위해선 특별한 훈련이 필요하다는 말은 분노를 불러일으킨다. 일류 미식 축구 선수가 되려면 특수 훈련이 반드시 필요하다는 데 대해선 아무도 분개하지 않으면서 말이다.

미국은 다른 어떤 나라보다도 탁월함을 존경하는 나라라고 볼 수 있다. 그럼에도 불구하고 젊은이들이 특정의 분야에서 탁월해지기란 대단히 어렵다. 어떤 기발함도 소위 '우쭐댄다'는 소리를 들을 만한 어떤 것도, 그 사람이 이미 '탁월하다'는 꼬리표를 달고 있지 않는 한, 받아들여지지 않기 때문이다.

결과적으로 미국인들은 많은 귀중한 것들을 미국 내에서 생산하지 못하고 유럽에서 수입해야만 한다. 이 현상은 규격화 및 획일화와 밀접한 관계가 있다. 성공한 경영 간부에 의해 세워진 틀에 모든 사람이 끼워맞춰지기를 기대하는 한, 예외적으로 탁월한 존재—특히 그것이 예술 분야의 것이라면—는 자라기도 전에 큰 장애에 부딪히게 된다.

규격화는 예외적인 사람들에겐 불이익을 주는 면이 있지만 보통 사람들의 행복을 증대시킬 수는 있을 것이다. 대부분의 사람이 자기 생각을 말할 때, 그것이 듣고 있는 사람의 생각과 비슷할 것이라는 확신 속에서 말할 수 있기 때문이다. 게다가 규격화는 국가적 응집력을 높일 뿐 아니라 많은 차이들이 존재하는 나라들에 비해 정치가 좀 덜 격하고 덜 폭력적일 수 있게 만들어 준다.

규격화의 손익 균형을 맞출 수 있다곤 생각되지 않지만 세계가 점점 기계화됨에 따라 지금 미국에 존재하는 규격화가 유럽 전역에도 퍼지게 될 가능성이 있다고 본다. 그러므로 이 점에 대해 미국을 비난하는 유럽인들은 바로 자기 나라의 미래를 비난하고 있는 것이며 문명 발전의 불가피하고 보편적인 추세에 스스로 맞서려 하고 있다는 점을 분명하게 깨달아야 한다.

국가간의 차이가 줄어들면 국제주의도 더 수월해질 것이다. 그리고 일단 국제주의가 확립되고 나면 사회 응집력은 내적 평화를 유지하는 데 매우 중요한 요소가 될 것이다. 지난날의 로마 제국처럼 정체 상태로 될 위험도 어느 정도 있다는 건 부인하진 못하지만, 현대의 우리에게는 현대 과학과 현대 기술이라는 혁명적 요소들이 있다. 총체적 지성의 쇠퇴에 이르지 않는 한, 현대 세계의 새로운 특징이 된 이 요소들이 우리를 정체에 빠지지 않게 할 것이며 우리는 과거 대제국이 걸었던 길과는 다른 길을 걸을 수 있을 것이다.

과학이 세상을 완벽하게 바꿔 놓은 상황에서 역사에서 나온 논거들을 현재와 미래에 적용한다는 것은 위험한 일이다. 그러므로 지나친 비관주의로 빠질 필요는 없다고 보지만 그럼에도 불구하고 여전히 규격화는 그에 익숙지 않은 사람들을 불쾌하게 만들 것이다.

인간 대 곤충의 싸움

Men *versus* Insects

전쟁중이거나 전쟁 소문이 무성한 가운데, '군축안'이니 불가침 협약들이 유례없는 재난을 인류에게 위협하고 있고 또 다른 한편에서는 어쩌면 훨씬 더 중요할지도 모를 또 하나의 싸움이 벌어지고 있다. 물론 그 싸움은 제대로 주목받지 못하고 있다. 바로 인류와 곤충의 싸움이 그것이다.

우리는 창조의 주인이라는 말에 익숙해져 있다. 동굴에 살던 사람들처럼 사자나 호랑이나 맘모스나 야생 멧돼지들을 두려워할 이유도 없어졌다. 우리끼리 서로 싸우지 않는 한 우리는 안전하다.

그러나 큰 야수들이 인간의 생존을 위협하지 못하게 된 반면 자그만 동물들에 관한 한 상황은 판이하다. 이 지구라는 행성의 생명 역사에서 한때 큰 동물들이 작은 동물들에게 자리를 내준 적이 있었다. 오랜 세월 공룡들은 서로를 염려했을 뿐, 자기들 제국의 절대성을 한치도 의심하지 않은 채 무심하게 늪지와 숲 전역을 누볐다.

그러나 그들은 사라졌다. 쥐, 작은 고슴도치, 쥐보다 크지 않은

117

소형 말 따위의 작은 포유 동물들에게 자리를 내준 채. 공룡들이 멸종한 이유는 밝혀지지 않고 있지만 녀석들의 뇌가 너무 작은 데다, 무수한 뿔 등 공격용 무기를 키우는 데만 열중했던 것으로 추정된다. 이유야 어쨌든 간에 생명은 그들을 거치지 않고 발전하였다.

최고의 위치를 차지하게 된 포유 동물들은 덩치가 커져갔다. 그러나 지구상에서 가장 커진 맘모스는 멸종됐고 그 밖에 덩치 큰 동물들도 희귀해져 갔다. 다만 인간과 인간이 길들인 동물들은 예외였다. 인간은 덩치는 크지 않았지만 지능을 이용해 대규모 인구에 필요한 음식물을 찾아내는 데 성공했다. 이제 인간은 안전하다. 그러나 곤충과 미생물이라는 작은 생명체들로부터는 안전하지 못하다.

곤충은 그 숫자에서부터 유리하다. 작은 숲 하나에도 전세계 인간에 맞먹는 개미들이 살고 있다. 그들은 우리의 식량을 우리가 먹을 수 있을 만큼 무르익기도 전에 먹어치운다는 점에서 또 다른 이점을 가지고 있다. 또한 비교적 작은 한 지역에서만 살아온 많은 유해 곤충들이 인간에 의해 뜻하지 않게 새로운 지역으로 옮겨지면서 막대한 피해를 입히곤 한다. 여행과 무역은 미생물뿐 아니라 곤충들에게도 유용한 것이다.

황열병은 예전에는 서아프리카에만 있는 병이었는데 노예 무역선을 타고 서반구로 옮겨졌다. 이제 아프리카가 개방되면서 황열병은 대륙을 가로질러 점점 동쪽으로 옮겨가고 있다. 그것이 아프리카 동쪽 해안에 당도하게 되면 인도와 중국도 황열병을 피해가기란 거의 불가능해질 것이고 그 지역들의 인구를 반으로 줄일지도 모른다. 그보다 훨씬 더 치명적인 아프리카 열대 전염병인 수면병도 점점 확산되고 있는 중이다.

다행히도 과학은 곤충을 해충 상태에서 제거하는 방법들을 발견해내고 있다. 대부분 기생충인 경우가 많은데 그것들을 죽임으로써 설사 살아남은 것들이 있다 해도 심각한 문제가 되지 않을 정도로 만드는 것이다. 또한 곤충학자들은 그 같은 기생충들을 연구하고 개량하는 직업을 진행중이다. 그들의 공식 보고서들은 매혹적인 문장들로 가득 차 있다.

"트리니다드 농장주의 요청으로, 그는 사탕수수 프로그하퍼(거품벌레과의 작은 곤충)의 천적을 찾기 위해 브라질로 향했다."

이 싸움에서 사탕수수 프로그하퍼가 이길 승산은 거의 없다고 해도 좋을 것이다. 그러나 전쟁이 계속되는 한 불행하게도 모든 과학 지식은 양날을 가지게 된다. 예를 들어 얼마 전 타계한 프리츠 하버 교수는 질소를 고정시킬 수 있는 방법을 찾아냈다. 원래 토양의 생산력을 높일 목적으로 연구된 방법이었지만 독일 정부에서 고성능 폭발물 제조에 이용하고자 했고 그가 폭탄이 아닌 비료를 선택하자 추방해 버렸다.

또 한번 대전(大戰)이 일어난다면 한쪽의 과학자들이 다른 편 밭에다 해충을 풀어 놓을지도 모른다. 그렇게 되면 다시 평화가 찾아온다 해도 그 해충들을 박멸하기란 거의 불가능할 것이다. 우리가 더 많이 알게 되면 될수록 서로에게 더 큰 해를 입힐 수 있다.

만일 인간들이 서로에 대한 적개심으로 곤충과 미생물까지 동원한다면―또다시 큰 전쟁이 일어나면 분명히 그런 일이 생길 것이다―결국엔 곤충들이 유일한 승자로 남게 될 가능성도 결코 없진 않다. 우주의 입장에서 본다면야 아쉬울 것도 없겠지만 인간인 나로서는 내 종족에 대해 한숨짓지 않을 수 없다.

무엇을 어떻게 가르쳐야 하는가

Education and Discipline

진지한 교육 이론이라면 반드시 두 부분으로 구성되어야 한다. 인생의 목적에 대한 부분과 심리 역학 즉, 정신적 변화의 법칙에 관한 부분이다. 인생의 목적에 대해 다르게 생각하는 두 사람이 있다면 교육에 대한 의견이 일치할 수 없는 법이다.

또한 서구 문명 어느 곳에서나 교육 기관은 두 가지 윤리관에 의해 지배된다. 기독교의 윤리관과 국가주의의 윤리관이다. 곧이 곧대로 받아들인다면 이 두 가지는 독일에서 입증되고 있듯이 공존할 수 없다.

나는 이 두 윤리관이 서로 다른 곳에서는 기독교 쪽을 선택하는 것이 좋고, 일치하는 곳에서는 둘다 잘못된 것이라고 생각한다. 내가 교육의 목적으로 대신하고 싶은 개념은 바로 문명이다. 이때 내가 말하는 문명의 의미는 한편으론 개인적이고 한편으론 사회적이다.

개인적 차원의 문명은 지적인 자질과 도덕적인 자질로 이루어진다. 지적인 것으로는 최소한의 일반 지식, 자기 직업에 있어서의 전문 기능, 증거에 근거해 소신을 세우는 습관 등이다. 도덕적인 것으로는 공평무사하고 친절하고 자기 조절이 어느 정도 가능한 자질을 들 수 있다. 여기에 내가 한 가지 더 보태고 싶은 것은 도덕적인 것도 지적인 것도 아닌 심리적인 것에 가까운 요소이다. 바로 열정과 생의 환희다.

사회적 차원에서의 문명은 법의 존중, 인간과 인간 사이의 정의, 인류에게 영속적으로 해를 주는 일에 관계하지 않는다는 소신, 목적에 맞는 수단을 택할 지적 능력 등을 요구한다. 이러한 것이 교육의 목적이라면 교육은 결국 그것을 실현하기 위해 무엇을 해야할 것인가, 특히 어느 정도의 자유를 주어야 가장 효과적일 것인가를 고민하게 하는 심리 과학의 문제로 귀착된다.

교육의 자유라는 문제에 있어선 현재 세 가지의 주요 학파로 나뉘어져 있다. 이들이 갈라지게 된 연유는 목적이 다르기 때문이기도 하지만 근본적으로 심리론에 차이가 있기 때문이다.

아이들은 아무리 악하다 해도 완전히 자유로워야 한다고 말하는 이들이 있고, 아이들은 아무리 선하더라도 전적으로 권위에 복종하게 해야 한다고 말하는 이들이 있다. 또한 아이들은 자유로워야 하지만 자유를 가지면서도 항상 선해야 한다고 말하는 이들이 있다. 이 중 마지막 그룹은 사실 자신의 논리적 정확성에 비해 과한 덩치를 지니고 있다. 어른들도 마찬가지지만 아이들이 완전히 자유로우면서도 언제나 잘하기란 힘든 것이기 때문이다.

자유가 도덕적 완성을 보증해 주리라는 믿음은 루소주의의 유물로서 동물 및 유아 연구 이상으로 발전되긴 어려울 것이다. 이러한 믿음을 가진 사람들은 교육은 명백한 목적을 가져선 안 되며 자연스런 발달에 적합한 환경을 제공해 주는 데 만족해야 한다고 생각한다.

나는 이 이론에 동의할 수 없다. 너무도 개인주의적이고 지식의 중요성에 대헤 지나치게 무심하기 때문이다. 우리는 협력이 꼭 필요한 공동체에 살고 있으며, 그러한 협력이 모두 자연적인 충동에서 나오리라고 기대하는 것은 너무도 이상주의적이다.

거대한 인구가 제한된 공간에서 생존하려면 과학과 기술이 뒷받침되어야만 가능하다. 그러므로 교육은 적어도 최소한의 필요한 과학과 기술들을 후세에 전해줄 수 있어야 한다. 최대의 자유를 허용하는 교육은 자비심과 자기 조절, 훈련된 지성이 어느 정도 뒷받침된 상태에서만 성공할 수 있으며, 이러한 요건들이 모든 충동을 그대로 방치해두는 데서 생겨나기란 힘들다. 따라서 좀더 융통성 있는 교육 방법이 아니고는 그러한 교육의 이점을 계속 살리긴 어려울 것이다.

사회적 견지에서 볼 때 교육은 단순한 성장의 기회가 아니라 보다 적극적인 것이어야 한다. 물론 교육이 그러한 기회도 제공해야겠지만 동시에 아이들 스스로의 힘만으로는 획득할 수 없는 정신적 도덕적 소양을 키워주어야 한다.

교육에 있어 많은 자유를 옹호하는 주장들은 인간의 타고난 선함에 근거했다기 보다는 권위의 영향을 바탕으로 한다. 이 영향은 권위로 인해 고통받는 자들과 권위를 누리는 자들 양자 모두에게 미치는 것이다. 권위에 종속된 사람들은 흔히 복종이나 반항의 태도를 나타내게 되는데 두 가지 모두 각각의 문제가 있다.

복종하는 사람들은 사고와 행동에 있어 창의력을 상실한다. 또한 저지당하고 있다는 느낌에서 생겨난 분노는 보다 약한 자들을 못살게 구는 데서 탈출구를 찾기 쉽다. 압제적 제도들이 자기 영속성을 갖는 이유가 바로 여기에 있다. 아버지에게서 고통받은 사람은 그 고통을 자기 아들에게 가하며, 자기가 공립 학교에 다닐 때 겪었던 수치심을 기억해 뒀다가 제국주의의 첨병이 되었을 때 '원주민들'에게 그대로 전한다. 이렇게 해서 과도하게 권위적인 교육은 학생들을 말과 행동에서 창의성을 주장하지도, 용인하지도 못하는 소심한 압제자로 만들어 버린다.

교육자들에게 미치는 영향은 훨씬 더 심각하다. 공포를 불어넣고 즐거워하며 그 밖의 아무것도 고쳐시키지 못하는 데 만족해하는 사디스트적 규율주의자가 되어 버리는 경향을 보인다. 이런 사람들로부터 지식을 배울 때, 학생들은 지식의 공포를 습득하게 되며 영국의 상급 학생들의 경우 그것을 인간의 본성으로 여기게 된다. 그러나 사실 그것은 권위적 교육에 의해 충분한 기초 훈련을 받은 증오의 일부분일 뿐이다.

한편, 반항적 태도도 필요한 측면이 있긴 하지만 사물을 있는 그대로 바라볼 수 없게 만든다. 게다가 반항에는 여러 가지 방법이 있으며 그 가운데 현명한 측은 극히 소수에 불과하다. 갈릴레오는 반항자였으면서도 현명했다. 지구가 평평하다고 믿은 사람들 역시 반항아들이었지만 그러나 그들은 어리석었다.

권위에 맞서는 것은 본질적으로 가치가 있는 것이고, 관례에 맞서는 소신은 반드시 옳다고 가정하는 경향에는 커다란 위험이 도사리고 있다. 가로등을 박살내거나 셰익스피어는 절대 시인일 수 없다고 주장하는 방법은 아무런 소용이 없는 것이다.

그러나 이처럼 지나친 반항은 과도한 권위가 기백 있는 학생들에게 가해졌을 때 종종 일어나는 현상이다. 그리고 그 반항아들이 교육자가 되었을 때, 그들은 이따금 학생들에게 저항을 부추기는 한편 학생들에게 완벽한 환경을 만들기 위해 에쓰게 마련이다. 그 두 가지 목표가 공존한다는 것은 사실상 불가능한데도 말이다.

바람직한 것은 복종도 반항도 아니며, 선한 본성과 사람들 및 새로운 사상들에 대한 일반적인 호의이다. 이러한 자질들은 부분적으로 선천적인 기질에서도 기인하지만—이를 구식 교육자들은 너무 등한시해 왔다—활기찬 충동들이 저지되었을 때 생겨나는 좌절된 무력감으로부터의 해방이 무엇보다도 중요한 요인으로 작용한다.

아이들이 호의적인 어른들로 자라날 수 있기 위해선 자신의 주변을 호의적으로 느낄 수 있어야 한다. 그렇게 되자면 아이의 중요한 소망들에 어느 정도 공감해 주어야 하고 아이들을 단지 신의 영광이나 국가의 위대함 따위의 추상적인 목적에 이용하려고 해서는 안 된다.

또한 가르칠 때도 아이가, 자신이 배우고 있는 것이 가치가 있는 것이라고 느낄 수 있도록 해야 한다. 물론 그 지식이 진실일 때 말이다. 학생이 적극적으로 협조할 때 학습의 속도는 두 배로 빨라지고 피로감은 반으로 줄어든다. 이 모든 것들이 많은 자유가 필요한 명백한 이유가 된다.

그러나 이 주장은 비약되기가 쉽다. 노예의 악덕을 피하기 위해 귀족의 악덕을 아이들에게 습득시키는 것은 바람직하지 않다. 타인에 대한 배려는 큰 문제에서뿐 아니라 자그만 일상들의 차원에서도 문명의 기본 요건이며 그것 없이 사회 생활을 견뎌내기는 어렵다. '부탁해요', '고마워요' 따위의 말을 잘하는 공손한 형태만을 염두에 두고 하는 얘기가 아니다. 형식적인 예절은 야만인들 사이에서 가장 크게 발전하고 선진 문화가 들어선 곳에선 줄어들게 마련이다.

내가 생각하는 타인에 대한 배려란 필요한 일을 기꺼이 공정하게 분담하고자 하는 마음, 모든 것을 고려하여 불화를 없애는 방법들에 기꺼이 따르고자 하는 마음을 말한다. 건전함 그 자체가 예절이므로, 전지전능하다는 느낌이나, 어른들은 아이들의 즐거움을 충족시켜 주기 위해서만 존재한다는 식의 믿음을 아이에게 주는 것은 바람직하지 않다. 그리고 게으른 부자들을 비난하는 사람들이 자기 자녀들을, 일이 필요한 것이라는 의식도 없고 모든 일을 열심히 하는 습관들도 없는 아이들로 키운다면 언행이 일치한다고 보기 어렵다.

일부 자유 주창자들이 너무 가볍게 생각하는 또 한 가지 고려해야 할 사항이 있다. 아이들의 집단이 성인의 간섭을 전혀 받지 않고 방치될 경우, 거기엔 강자의 압제가 생겨난다는 것이다. 그것은 성인 세계의 가장 심한 압제보다 훨씬 더 야만적이기 쉽다.

두세 살짜리 아이들 둘이 함께 놀게 되면 두 아이는 몇 번 싸워 본 다음 결국 어느 쪽이 늘 승자가 되는가를 깨닫게 된다. 그렇게 되면 나머지 아이는 늘 노예가 되는 것이다. 아이들의 숫자가 많을수록 하나 혹은 두 명이 완벽한 지배력을 획득하고 나머지 아이들의 자유는 줄어든다. 그 자유는 약하고 싸움을 좋아하지 않는 아이들을 보호하기 위해 성인들이 간섭했을 때 그 아이들이 누리게 될 자유에 훨씬 못미치는 것이다.

타인에 대한 배려는 대부분의 아이들의 경우 저절로 생겨나지 않기 때문에 배워야만 하는 것이다. 그리고 그것은 권위를 발휘하지 않고는 가르치기 힘든 것이다. 이 점이야말로 성인들이 포기해선 안 된다는 입장의 가장 중요한 근거일 것이다.

교육자들이 바람직한 형태의 자유와 최소한의 도덕적 훈련을 결합시키는 문제를 이미 해결했다고는 보지 않는다. 또한 아이가 학교에 들어오기 전 이미 부모들에 의해 올바른 해결이 불가능할 정도로 되어 버린 경우들도 많다. 심리 분석가들이 자신들의 진료 경험만으로 우리 모두를 미쳤다고 결론짓는 것과 마찬가지로 학교 당국자들은 부모들이 수습 못할 정도로 만들어 놓은 아이들과 접촉해 보고는 모든 아이들이 '문제가 있다'고, 모든 부모들이 형편없이 어리석다고 결론짓는 경향이 있다.

부모의 압제—흔히 지나치게 열성적인 애정의 형태를 띠기 쉽다—때문에 제멋대로 되어 버린 아이들에겐 완전한 자유의 기간을 경우에 따라 길게 혹은 짧게 줄 필요가 있다. 그런 다음에야 아이들은 어떤 성인이든 의심하는 마음 없이 바라볼 수 있을 것이다.

그러나 가정에서부터 분별 있게 훈련된 아이들은 사소한 일에서 제지받는 것을 참아낼 수 있다. 자기가 지금 도움을 받고 있는 중이라고 느낄 수만 있다면 말이다. 아이들을 좋아해서 그들과 함께 있어도 쉽게 지치지 않는 어른이 훈육의 길에 있다면 학생들이 언제나 친밀하게 느끼는 가운데 많은 것을 이룰 수 있을 것이다.

나는 현대의 교육 이론들이 아이들에게 간섭하지 않는 태도의 부정적 가치를 너무 강조하고, 아이들과 함께 즐기는 태도의 긍정적 가치를 너무 소홀히 하는 경향이 있다고 생각한다.

만일 당신이 많은 사람들이 말이나 개에 대해 가지는 애정처럼 조건 없는 애정을 가지고 아이들을 대한다면 아이들은 당신의 제안에 쉽게 반응할 것이고 금지 사항들도 쉽게 받아들일 것이다. 물론 다소 투덜거리긴 하겠지만 분노는 품지 않을 것이다.

그러나 아이들을 금전으로 환산할 수 있는 사회적 노력의 수단으로 바라본다거나—결국 마찬가지 얘기지만—권력 충동을 위한 배출구로 바라본다면, 위에 말한 류의 애정을 가졌다 해도 아무 소용이 없다. 아이가 투표권을 갖게 되면 당신의 정당을 지지해 줄 거라는, 혹은 아이가 국왕과 나라에 희생할 마음을 가지게 될 거라는 속셈에서 나온 관심을 아이에게 보인다면 고마워할 아이는 아무도 없을 것이다.

바람직한 관심이란 아무 목적 없이 아이들과 같이 있다는 사실만으로도 즐거움을 느끼는 데서 나오는 것이다. 이런 자질을 가진 교사라면 아이들의 자유에 간섭할 필요도 별로 없겠지만 혹시 필요한 경우가 있다 해도 아이들에게 심리적 상처를 주지 않을 것이다.

그러나 불행하게도 업무가 과중한 교사들로서는 아이들에 대한 본능적인 애정을 간직하고 있기란 대단히 어렵다. 속담에 나오는 과자 제조 견습생이 매커룬(계란 흰자, 설탕, 아몬드 가루 등을 섞어 만든 과자) 대하듯, 교사들은 아이들을 그렇게 대하기 쉽다.

나는 교육을 특정인에게만 전적으로 맡겨 두어서는 안 된다고 생각한다. 하루종일 아이들과 떨어져 지내는 사람들이 하루에 최소한 두 시간씩 교육을 해야 한다. 아이들의 사회는, 엄격한 규율이 부재한 경우엔 특히 사람을 지치게 만든다. 그 어떤 이론으로 무장한 교사라 해도 시달리다 보면 피곤해지고, 결국엔 짜증이 나게 마련이고, 짜증스런 마음은 어떻게든 표출되기 쉽다. 자기 조절만으론 필요한 호의를 늘 간직하기가 힘들다.

그러나 호의가 존재하는 곳에는 '말을 잘 듣지 않는' 아이들을 어떻게 다룰 것인가를 두고 미리 규율부터 내세우는 일은 불필요한 것이다. 왜냐하면 호의라는 충동이 자연스럽게 올바른 결정으로 이끌어 갈 것이고 당신이 아이를 좋아한다는 것을 아이가 느낀다면 어떤 결정이든 대체로 올바를 것이기 때문이다. 규율이란 제 아무리 현명한 것이라 해도 애정과 접촉을 대신할 수 없는 법이다.

이성의 몰락, 니체와 히틀러

The Ancestry of Fascism

우리 시대와 이를테면 조지 1세의 시대를 비교해 보면 지적 성향에 심도 있는 변화가 있음을 알게 된다. 그리고 그러한 변화가 있고 난 뒤에는 늘 그에 상응하는 정치적 경향의 변화가 뒤따랐다.

어떤 의미에서 보면 2백 년 전의 사고 방식은 '합리적'이고 우리 시대의 가장 뚜렷한 특징은 '비합리적'이라고 볼 수 있다. 하지만 나는 어느 성향을 완전히 수용하거나 또는 완전히 거절하는 뜻으로 그런 표현을 쓰고 싶진 않다.

게다가 정치적 사건들은 흔히 전 시대를 깊이 숙고한 데서 자기 색깔을 가지는 경우가 많다는 점도 잊어서는 안 된다. 어떤 이론이 선언되는 시점과 그 이론이 실제 효력을 발휘하는 시점 사이에는 흔히 상당한 시간 간격이 있는 경우가 많기 때문이다.

1860년 영국의 정책은 아담 스미스가 1776년에 발표한 사상에 의한 것이었다. 오늘날 독일의 정책은 1807년에 피히테가 내놓은 이론의 발현인 셈이다. 1917년 이후 러시아의 정책들은 1848년으로 거슬러 올라가는 공산당 선언의 교리를 구현하고 있다. 따라서 현시대를 이해하기 위해서는 상당 정도 앞선 과거로 되돌아가 보는 일이 반드시 필요하다.

널리 알려진 정치적 교리에는 일반적으로 대단히 다른 두 가지 동기가 있다. 그 하나는 지적 선구자들, 다시 말해 과거 이론에서 시작해 진화 혹은 반동을 거쳐 성장해 온 이론들을 앞당긴 사람들이 존재한다는 점이다.

또 다른 하나는 사람들로 하여금 어떤 분위기에 도움이 되는 관점을 받아들이도록 만드는 경제적, 정치적 상황이 존재한다는 점이다. 그러나 지적 선구자들을 소홀히 하면서—너무도 흔히 있는 일이지만—상황만으로 완결된 설명을 하긴 어렵다.

우리와 관계된 특별한 경우를 들어 보자면 일정한 불평의 씨앗들이 전후 세계의 다양한 부문들에 내포되어 있었다. 그것이 사람들로 하여금 훨씬 과거에 창안된 어떤 철학에 공감하게 만들었다고 볼 수 있다. 나는 먼저 그 철학에 대해 살펴보고 그것이 이 시대에 인기를 얻고 있는 이유를 알아 보고자 한다.

'이성'에 대한 반란은 '추론'에 대한 반란으로 시작되었다. 18세기 전반 뉴턴이 사람들의 정신을 지배하는 동안, 지식으로 가는 길은 단순한 일반 법칙의 발견으로 이루어져 있으며 연역적 추론을 통해 그러한 법칙들로부터 결론을 이끌어낼 수 있다는 믿음이 널리 퍼져 있었다.

뉴턴의 중력 법칙이 1세기에 걸친 면밀한 관찰을 통해 발견되었다는 점도 잊은 채 많은 사람들이 일반 법칙은 자연적으로 발견될 수 있다고 생각했다. 그리하여 자연 종교, 자연법, 자연 도덕 등이 탄생했다. 이러한 주제들은 유클리드 방식에 따라 자명한 공리로부터 나오는 논증적 추론들로 구성된다고 여겨졌다. 미국 독립전쟁 및 프랑스 혁명에서 설파된 '인권 선언'은 바로 이 같은 관점의 정치적 결과물이었다.

그러나 '이성의 신전'이 거의 완성되어 가는 듯 보이던 바로 그때, 지뢰가 하나 부설되었고 결국 그 지뢰에 의해 건축물 전체가 공중 분해되어 버리고 만다. 지뢰를 놓은 이는 바로 데이비드 흄이었다. 1739년에 발간된 그의 『인간 본성에 관한 보고서』는 '도덕적 주제들을 추론하는 실험적 방법을 소개하기 위한 시도'란 부제를 달고 있다. 이것은 그의 모든 의도를 대표하지만 그의 성과는 절반 정도밖에 표현하지 못했다.

그의 의도는 명목상 자명한 공리들로부터의 연역을 관찰과 귀납으로 대체하자는 것이었다. 정신적 성향으로 볼 때 그는 완벽한 합리론자였다. 비록 아리스토텔레스적 변종들보단 베이컨의 합리주의에 가까웠지만 말이다.

그러나 전례를 찾아보기 힘들 정도로 잘 결합된 그의 예리함과 지적 정직성이 결국 몇 가지 파괴적인 결론들을 이끌어 내었다. 귀납은 논리적 정당성을 갖추지 못한 습관이라는 것과 인과 관계를 믿는 것은 미신보다 별로 나을 게 없다는 결론이었다. 그리하여 과학은 신학과 더불어 기만적 희망과 비합리적인 확신이라는 변방으로 좌천되었다.

흄에게 합리주의와 회의주의는 평화적으로 나란히 공존했다. 회의주의는 학문을 위한 것일 뿐 실생활의 영역에서는 잊혀지게 마련이다. 게다가 실생활은 그의 회의주의가 공격했던 바로 그 과학의 방식에 의해 최대한 지배되고 있었다. 따라서 그러한 타협은 철학자인 동시에, 세속적인 인간으로 살고 있는 사람에게나 가능한 것이었다. 또한 새로운 것에 대한 은밀한 불신이 숨겨져 있어 귀족주의적 토리이즘(보수주의)의 냄새마저 풍겼다.

세상은 흄의 교리를 전적으로 받아들이진 않았다. 그의 추종자들은 그의 회의주의를 거절한 반면, 오히려 독일의 흄 반대자들은 과학적이고 합리적인 시각의 불가피한 산물이라며 그의 회의주의를 강조했다. 결국 그의 영향으로 영국 철학은 피상적으로 되었고 독일 철학은 반합리주의적으로 되었다. 두 경우 모두 참을 수 없는 불가지론을 두려워한 결과였다. 그후 유럽의 사상은 다시는 예전과 같은 성실성을 회복하지 못했다. 흄의 계승자들 사이에서도 온건함은 피상적인 것으로, 심오함은 약간 돈 것을 의미하게 되었다. 양자물리에 적합한 철학을 논하는 최근의 논의에서도 흄에서 제기된 오래된 논쟁이 여전히 계속되었다.

독일적 특색을 지닌 철학은 칸트에서 비롯되는데 흄에 대한 반동으로 시작된다. 칸트는 인과, 선, 불멸, 도덕률 등을 믿으려 했지만 흄의 철학이 그 모든 것을 어렵게 만든다는 것을 간파했다.

그리하여 그는 '순수' 이성과 '실천' 이성을 구별하는 장치를 만들어냈다. '순수' 이성은 입증될 수 있는 것으로 그다지 많지 않았다. 그에 비해 '실천' 이성은 덕에 필요한 것으로 대단히 많았다. 물론, '순수' 이성은 순수하게 이성인 반면, '실천' 이성은 편견이라는 것이 분명했다. 그리하여 칸트는 철학을 거슬러 올라가, 이론적 합리성의 영역에서 벗어난다는 이유로 스콜라티시즘의 발흥 이후 학계에서 추방되었던 철학에 호소하게 되었다.

우리의 관점에서 볼 때 칸트보다 더 중요한 사람은 그의 직계 계승자인 피히테였다. 피히테는 철학에서 정치학으로 옮겨가면서 국가 사회주의로 발전하게 된 운동을 처음으로 시작한 인물이었다. 그러나 피히테 얘기를 하기 전에 먼저 '이성'의 개념에 대해 좀더 얘기해 보자.

흄에 대한 대답을 찾아내지 못한 상태에서 '이성'은 더 이상 절대적인 어떤 것, 즉 그것으로부터 이탈했을 때 이론적 근거를 가지고 비난할 수 있는 절대적인 것으로 생각할 수 없었다. 그럼에도 불구하고(이른바) 철학적 급진론자들과 초기 마호메트교 광신자들 사이에는 정신 구조에 있어 분명하고도 중대한 차이가 존재한다. 전자를 합리적인 정신 성향, 후자를 비합리적인 정신 성향이라 부른다면 근대를 거치면서 불합리가 성장해 왔다는 건 분명하다.

우리가 이성이라고 할 때, 실제 의미는 세 가지 특징으로 정의할 수 있다. 첫째, 힘보다는 설득에 의존하는 것. 둘째, 논쟁을 수단으로 설득하고자 하는 것. 물론 이때 그 수단을 쓰는 사람은 그것이 전적으로 타당하다고 믿는다. 셋째, 소신을 형성함에 있어 가능한 한 관찰과 귀납을 많이 쓰고 직관은 적게 쓰는 것이다.

이 가운데 첫번째는 종교 재판을 배제한다. 두 번째는 선전이란 '장악해야 할 대중의 수에 비례해 대중의 정신적 고양을 밑으로 가라앉혀야 한다'는 근거로 히틀러가 칭찬했던 전시중 영국의 선전과 같은 방식들을 배제한다. 세 번째는 미시시피 강을 가리켜 '우주의 신은 이 위대한 계곡을 한 나라에 속하게 의도했다'고 했던 앤드류 잭슨 대통령과 같은 대전제를 사용하는 것을 금한다. 그의 얘기는 그 사람 자신이나 청중들에겐 자명한 것이겠지만 의문을 느끼는 사람에겐 쉽게 증명할 수 없는 것이기 때문이다.

이성을 이렇게 정의할 때, 이성에 의존한다는 것은 어떤 사람과 얘기를 듣는 사람의 이해 관계와 사고 방식이 어느 정도 일치해야 한다는 것을 추론케 한다. 본드 부인이 거위들에게 "어서 와서 죽어다오. 너희들 속에 소(蔬)를 채워 넣어 손님들을 배불리 먹여야 하니까." 하고 소리쳤을 때 그녀가 이성적으로 접근했다는 건 인정한다. 그러나 잡아먹으려고 하는 대상에게 이성적으로 호소하는 것은 그야말로 우스운 일이다.

육식을 좋아하는 사람들은 양의 입장에선 타당해 보일 수도 있는 논쟁거리를 찾아내려고 하지 않으며 대중을 가리켜 '실수로 망쳐 버린' 작품들이라고 한 니체는 그들을 설득할 생각조차 하지 않는다. 마르크스 역시 자본가들의 지지를 얻으려 시도하지 않았다.

이런 예에서 보듯, 이성에의 호소는 권력이 소수의 독재자들에게 확실하게 한정되어 있을 때 보다 용이하다. 18세기 영국에서는 귀족들과 그 친구들의 여론만이 중요했으며, 그러한 여론들은 늘 합리적인 형태로 포장되어 다른 귀족들에게 제시되었다.

정치 참여층이 점점 확대되고 이질화되면서 이성에의 호소도 점점 어려워진다. 논쟁의 출발점이 되는, 보편적으로 인정받는 가설들이 점점 줄어들기 때문이다. 그러한 보편적인 가설들이 존재하지 않을 때 사람들은 자신의 직관에 의존하게 된다. 이질적인 집단들의 직관들은 당연히 서로 다를 것이므로 직관에의 의존은 결국 충돌과 힘의 정치로 이어지게 된다.

이러한 의미에서 보면 이성에의 반항은 역사적으로 되풀이되어 왔다. 초기 불교는 이성적이었다. 그러나 후기 및 인도에서 불교

대신 들어선 힌두교는 그렇지 못했다. 고대 그리스의 오픽교(오페우스를 시조로 하는 디오니수스 숭배교—역주)는 호머적 합리주의에 대한 반항이었다. 소크라테스에서 마쿠스 아우렐리우스에 이르는 고대의 뛰어난 인물들은 대체로 합리적이었다. 그러나 마쿠스 아우렐리우스 이후로는 보수적 신플라톤 주의자들조차도 미신으로 가득 차 있었다.

회교권을 제외한 세계에서 이성의 주장은 11세기까지 정지되어 있었다. 11세기 이후 스콜라티시즘, 르네상스, 과학의 발전을 거치면서 이성의 주장들이 점차 세를 넓혀갔다. 루소와 웨슬리에서 반동이 시작되었지만 19세기 들어 과학과 기계가 승리하면서 저지되었다.

이성에 대한 믿음이 최고조에 달한 것은 1860년대였다. 그때를 정점으로 점차로 줄어들며 오늘에 이르고 있다. 합리주의와 비합리주의는 그리스 문명이 시작된 이래로 나란히 공존해 오면서, 둘 중 하나가 지배적이다 싶을 땐 언제나 반동이 일어나 그 반대편이 새롭게 분출하곤 했다.

오늘날의 이성에 대한 반동은 중요한 한 가지 면에서 과거와 크게 다르다. 오픽교를 시작으로 한 과거 반동들의 목표는 흔히 구원—선과 행복을 모두 포함하는 복합적인 개념으로서 대체로 힘든 극기의 과정을 거쳐서 얻어지는—이었다.

그러나 우리 시대 비합리주의자들의 목표는 구원이 아니라 권력이다. 따라서 기독교나 불교와 정반대되는 윤리를 전개하고 지배욕 때문에 필연적으로 정치에 뛰어들게 된다. 그 족보에 드는 저술가로는 피히테, 카알라일, 마치니, 니체가 있고 그 지지자들로는 트라이치케, 루디아드 키플링, 휴스톤 챔벌레인, 베르그송 같은 이들을 들 수 있다.

이런 움직임에 반대하는 벤담주의자(공리주의자)들과 사회주의자들은 같은 정당의 양 진영으로 볼 수 있다. 둘 다 세계주의적이고, 둘 다 민주적이며, 둘 다 경제적 이익에 호소하기 때문이다. 양측의 차이는 목적의 차이가 아니라 수단의 차이인 반면, 히틀러에서 최고조에 달한 새로운 운동은 목적면에서 이들과 다를 뿐 아니라 심지어 기독교 문명의 전통과도 다르다.

파시즘이 자라는 토양을 제공해 온 비합리주의자들이 생각하는 정치가들이 추구해야 할 목적은 니체에 의해 가장 극명하게 표현되었다. 그는 실용주의뿐 아니라 기독교 정신에도 의식적으로 반대하면서 '최대 다수의 최대 행복'에 관한 벤담의 교리를 거부한다.

"인류는 목적이라기보단 수단이다 …… 인류는 실험재료에 불과하다."고 니체는 말한다. 그가 말하는 목적이란 특출한 개인들의 위대함이다.

"목표는 저 엄청난 '위대한 에너지'를 획득하는 것이다. 그 에너지는 훈육을 통해서, 그리고 실수로 태어난 수백만의 인간들을 섬멸함으로써 미래의 인간상을 제시할 수 있으며 '그로부터 생겨나는' 과거 한 번도 목격된 바 없는 고통의 현장에서도 '파멸'하지 않는다."

이런 목적 자체가 이성에 반하는 것이라곤 볼 수 없다. 목적의 문제는 이성적 논쟁을 할 수 있는 것이 아니기 때문이다. 우리는 이러한 목적을 '싫어할' 수 있을 진 모르지만—나 자신은 아주 싫어한다—니체가 그것을 입증해 보일 수 없듯이 우리도 그것이 '잘못

되었음을 증명'할 수 없다. 그럼에도 불구하고 이러한 목적은 비합리성과 자연스럽게 연결된다. 이성은 공평성을 요구하는 데 반해 초인 숭배엔 언제나 "나는 초인이다." 라는 주장이 소전제로 깔려 있기 때문이다.

파시즘이 자라 나온 사상의 원조에는 몇 가지 공통된 특징들이 있다. 그들은 감정이나 인식보단 '의지'에서 선을 추구한다. 행복보단 권력을 더 높이 평가한다. 논쟁보단 힘을, 평화보단 전쟁을, 민주주의보단 귀족주의를, 과학적 공정성보단 선전을 선호한다. 그들은 기독교적 엄격함에 반(反)해 스파르타식 엄격함을 부르짖는다. 다시 말해 엄격함을, 덕을 쌓거나 내세에서의 행복을 위한 자기 단련의 수단으로 보는 게 아니라 타인에 대한 지배력을 획득하는 수단으로 본다.

그들 가운데 후기론자들은 통속적 다윈이즘에 물들면서 생존 투쟁을 좀더 고등한 종으로 진화되는 근원으로 생각한다. 그러나 그것은 자유 경쟁 주창자들이 부르짖는 개인들간의 투쟁이라기보단 종족간의 투쟁에 더 가깝다.

쾌락과 지식을 목적으로 여기는 것은 그들이 보기엔 지나치게 소극적이다. 그들은 쾌락의 자리에 영광을, 지식의 자리에 자신들이 바라는 바가 진실이라는 독단적인 주장을 대신 들어앉힌다. 피히테, 카알라일, 마치니에서는 아직 이러한 교리들이 관습적 도덕의 용어라는 외투 속에 싸여 있었으나 니체에 와서는 아예 그 외투마저 벗어던지고 뻔뻔해지는 길로 나섰다.

피히테는 이 엄청난 움직임을 일으켰음에도 불구하고 그에 합당한 평가를 받지 못했다. 추상적 형이상학자로 출발한 그는 처음부터 자의적이고 자기 중심적인 성향을 보였다. 그의 철학 전체가 '나는 나다' 란 명제로부터 전개된다.

"자아는 '자신을 정립하며' 이처럼 노골적인 자기 정립의 결과로 '존재한다'. 따라서 그것은 행동의 동인인 동시에 결과이며, 주체인 동시에 객체이다. 고로 '나는 존재한다' 는 행동(Thathandlung)을 표현한다. 자아가 존재하는 것은 그것이 스스로를 정립했기 때문이다."

이 논리에 따르면 자아는 존재하기로 마음 먹기 때문에 존재한다. 그렇다면 당장, 비아(非我) 역시도 자아가 그렇게 의지하기 때문에 존재하는 것이다. 하지만 그렇게 생성된 비아는 진정한 외관이 결코 될 수 없다. 왜냐하면 자아에 의해 정립된 것이기 때문이다. 루이 14세는 '국가가 곧 짐이다(L'état, c'est moi).' 라고 말했지만 피히테는 '우주가 곧 나다' 라고 말했다. 하이네가 칸트와 로베스피에르를 비교하면서 말했듯이 "우리 독일인들에 비해 너희 프랑스인들은 순하고 온건하다." 사실 피히테는 '나' 라고 할 때 '나' 가 '신' 을 의미한다고 설명하고는 있지만 독자 입장에서는 마음을 놓을 수가 없다.

당시 프랑스와 프로이센이 대결한 예나 전투에서 프로이센이 패배하여 베를린에서 떠나야 했던 경험을 갖게 된 피히테는 과거 자신이 나폴레옹이란 형상 속에 너무 열정적으로 비아를 정립시킨 게 아닌가 생각하기 시작했다. 1807년에 돌아오자마자 그는 저 유명한 '독일 국민에 고함' 이란 일장 연설을 했는데 여기에서 처음으로 국가주의의 완결된 강령을 선보였다.

이 연설문은 독일 국민만이 순수한 언어를 가지고 있으므로 다른 모든 근대인들보다 우수하다는 설명으로 시작된다. (에스키모인이나 호텐톳 사람들을 비롯해 러시아인, 터키인, 중국인들도 순수 언어들을 가지고 있지만 피히테의 역사책에는 이들에 관한 언급은 전혀 없다.) 독일어의 순수성으로 인해 독일인들만이 심오한 일을 할 능력이 있다. 즉, '특성을 가진다는 것과 독일인이라는 것은 말할 것도 없이 동일한 것을 의미한다'고 결론짓는다.

그러나 부패해 가는 외국의 세력으로부터 독일적 특성을 보존하고 독일국이 전체로서 행동할 수 있으려면 '독일인들을 하나의 공동체로 빚어내는' 새로운 교육이 필요하다. 그 새로운 교육은 '본질적으로 의지의 자유를 완전히 말살하는 것에 달려있다'고 말한다. 이어 그 의지는 '바로 인간의 뿌리다'라고 덧붙인다.

그러기 위해선 외부와의 교섭을 완전히 끊어야 한다. 누구나 군복무를 하게 해서, 물질적 풍요나 자유나 헌법 수호를 위해서가 아니라 '영원히 국가를 감싸는 숭고한 애국주의의 집어삼킬 듯한 불꽃'으로 싸우도록 만들어야 한다. '숭고한 정신의 인간이라면 그것을 위해 기꺼이 자신을 희생할 것이며, 숭고한 이들을 위해서만 존재하게끔 되어 있는 천한 인간들 역시 스스로 희생해야만 한다.'

'숭고한' 인간은 인류의 목표다. '숭고하지 못한' 인간에겐 자신의 이익을 주장할 권리가 없다는 교리는 민주주의에 대한 현대판 공격의 정수다. 기독교는 모든 인간에겐 불멸의 영혼이 있고 이 점에서 모든 인간은 동등하다고 가르쳤다. 따라서 이른바 '인권'이란 개념은 기독교 교리를 발전시킨 데 불과했다.

또한 공리주의는 개인에게 절대적인 '권리'를 용인하진 않지만, 한 사람의 행복과 다른 사람의 행복에 동등한 비중을 두었다.

이렇게 해서 공리주의는 천부적 권리와 같은 수준의 민주주의에 도달했던 것이다. 그러나 피히테는 정치적 캘빈주의와 마찬가지로 특정인들을 선민으로 골라내고 나머지 사람들은 모두 쓸모 없는 사람이라고 단정했다.

누가 선민인가를 구분하는 데는 당연히 어려움이 따를 것이다. 피히테의 신조가 보편적으로 받아들여지는 세계에선 모두들 그를 '숭고'하다고 생각할 것이며, 그 숭고함의 일부를 공유하는 것처럼 보이기 위해 그와 비슷한 사람들 집단에 참여하려 할 것이다. 바로 이것이 피히테의 경우엔 그의 국가가 될 것이며, 프롤레타리아 공산주의자의 경우엔 그의 계급이 될 것이며, 나폴레옹의 경우엔 그의 가족이 될 것이다. '숭고함'이란 것은 전쟁에서의 승리 외엔 아무런 객관적 기준도 없다. 따라서 전쟁은 이 신조의 필수적인 산물이다.

카알라일의 인생관은 대부분 피히테에서 나온 것이다. 피히테는 그의 견해에 가장 큰 영향을 준 사람이었다. 그러나 카알라일은 훗날 이 계파의 특징이 된 요소를 첨가했는데 그것은 산업주의와 '누보 리쉬(신흥 부호)'를 진심으로 증오하는 프롤레타리아에 대한 우려와 사회주의였다.

카알라일이 이런 태도를 얼마나 잘 연출했던지 엥겔스까지도 속아넘어갈 정도였다. 엥겔스는 1844년에 낸 영국 노동자 계급에 관한 저서에서 카알라일을 언급하며 극찬을 아끼지 않았다. 이것으로 볼 때, 많은 사람들이 사회주의의 허울을 걸친 국가 사회주의에 깜빡 속아넘어갔다는 건 놀라울 것도 없다.

사실, 아직까지도 카알라일에 속고 있는 이들이 있다. 그의 '영웅 숭배'는 대단히 고상하게 들린다. 그는 우리에게 필요한 것은 선거로 뽑은 의회가 아니라 '영웅적인 왕들과 비영웅적이지 않은 세계'라고 말한다. 이 말을 이해하기 위해서는 그것이 어떻게 사실로 옮겨지는지를 연구해 보아야 한다.

카알라일은 『과거와 현재』에서, 12세기의 아보트 샘슨을 전형으로 추천한다. 그러나 이 얘기를 못 믿겠거든 '브레이크론드의 조셀린 기록서'를 읽어보시라. 아보트란 인물이 포악한 지주 근성에다 교활한 변호사적 자질을 겸비한 파렴치한 불한당임을 알게 될 것이다. 카알라일이 추천하는 다른 영웅들도 최소한 그에 못지않게 불쾌한 인물들이다. 크롬웰이 아일랜드에서 자행한 학살에 감동받은 그는 다음과 같이 평한다.

"그러나 올리버의 시대에는 아직 신의 심판에 대한 믿음이 있었다. 올리버의 시대에는 '사형 폐지'니, 장 자크 자선 단체니 하는 대중을 미혹시키는 허튼소리도 없었고, 여전히 죄악으로 가득 찬 이 세상에 만병통치의 장미 향수를 뿌리는 일도 없었다 …… 훗날 퇴폐적인 후세에 와서야 …… 우리의 지구에 효과가 있다며 …… 선과 악을 가리지 않고 섞어 으깨서 하나의 만능 특효약을 만들어 냈다."

그가 내세우는 또 다른 영웅들, 특히 프리드리히 대왕이나 프란시아 박사, 에이레 총독 같은 이들은 모두 피에 굶주린 자들이란 공통점을 가지고 있다는 것 외엔 더 이상 할 말이 없다.

그래도 여전히 카알라일에 대해 다소 자유주의자 냄새를 풍긴다고 생각하는 사람들은 그의 『과거와 현재』에 나오는 민주주의에 관한 장을 읽어 보라. 그 장은 정복자 윌리엄에 대한 칭송 및 농노들 덕분에 누릴 수 있었던 그 시대의 즐거운 삶에 대한 묘사로 가득 차 있다. 그리고 나서 자유에 대한 정의가 나온다.

"인간의 진정한 자유는 정도(正道)를 찾아내는 것, 혹은 정도를 찾아내어 그 길로 걸어가야만 하는 것이라고 말할 수 있다."(263페이지)

계속해서 그는 '민주주의는 당신을 다스릴 영웅들을 찾아내지 못한 데서 오는 절망감과 영웅의 결핍을 참고 견디는 데 만족한다는 것을 의미한다'는 발언으로까지 나아간다. 이 장은 유창한 예언자적 어투로 끝을 맺고 있다.

"민주주의가 제 길로 갈 때까지 갔을 때 남게 되는 문제는 당신의 '탁월한 지도자'가 통치하는 정부를 찾아내는 일이다."

여기에 히틀러가 서명하지 않을 구절이 한 마디라도 있는가?

마치니는 카알라일에 비해 온건한 편이었고 카알라일의 영웅 숭배에 동의하지 않았다. 그가 예찬한 대상은 위대한 개인이 아니라 국가였다. 또한 이탈리아를 최고의 자리에 앉히긴 했어도 아일랜드를 제외한 모든 유럽 국가들에 각각의 역할을 허용하기도 했다.

그럼에도 불구하고 마치니 역시 카알라일과 마찬가지로 의무가 행복 위에, 심지어는 집단의 행복보다도 위에 놓여야 한다고 믿었다. 무엇이 옳은지 신이 각 인간의 양심에 계시하기 때문에 모두들 자기 마음에 느껴지는 대로 도덕률에 복종하기만 하면 된다고 생각했다. 도덕률이 명하는 것이 사람마다 천차만별일 수 있다는 것과 마치니 자신이 진정으로 요구하고 있는 것은 타인들이 자신의 '계시'에 따라 행동하는 것이란 점을 그는 전혀 깨닫지 못했다.

그는 도덕을 민주주의 위에 놓았다.

"단순히 다수의 투표에 의해서 통치권을 구성할 수는 없다. 만일 그것이 최고의 도덕적 지침과 명백하게 상충할 경우 …… 그 도덕률을 해석하고 응용할 때 민중의 의지는 신성해진다. 도덕률과 관계를 끊은 민중의 의지는 무효하고 무력한 변덕에 불과하다."

이것은 바로 무솔리니의 견해이기도 하다.

그후로 이 계파의 교리에 첨가된 중요한 요소는 딱 한 가지, 즉 '민족'에 대한 사이비 다윈이즘적 믿음이었다(피히테의 경우는 언어 측면에서 독일의 우수성을 주장했지만 생물학적 유전 형질을 내세우진 않았다).

자신의 추종자들과는 달리 국가주의자도 반유대주의자도 아닌 니체는 다윈이즘적 신조를 개인들간의 차이에만 적용한다. 그리하 여 그는 부적당한 것은 번식부터 막아야 한다고 생각하면서 애견가 들이 그렇듯 슈퍼맨 종족을 키워내고 싶어한다. 그들이 모든 권력을 차지하며 나머지 사람들은 그 슈퍼맨들을 위해서만 존재하게 된다.

그러나 그 뒤에 나온 이와 비슷한 견해를 가진 저술가들은 모든 우수성이 자기네 민족과 관계되어 있음을 입증하려고 혈안이 되었 다. 아일랜드 교수들은 호머가 아일랜드인이었음을 밝히는 책들을 펴낸다. 프랑스 인류학자들은 북유럽 문명이 튜튼족이 아닌 켈트족 에게서 나왔다는 고고학적 증거를 내놓는다. 휴스톤 챔벌레인은 단 테가 독일인이며 예수는 유대인이 아니라고 장황하게 주장한다.

민족을 강조하는 이러한 태도는 인도에 거주하는 영국인들 사 이에도 퍼져 루디아르 키플링을 매개로 영국 제국주의자들에게도 감염되었다. 그러나 영국인 중 단 한 사람, 휴스톤 챔벌레인을 제외 하고 영국에서 반유대주의적 요소가 돌출된 적은 한 번도 없었다. 챔벌레인은 중세 이후 반유대주의가 지속되어 온 독일에 거짓된 역 사의 토대를 제공한 책임이 크다.

민족에 대해선, 정치가 개입되지 않는 한 정치적으로 중요할 만한 것은 아무것도 없다고 말할 수 있다. 민족간에 정신적인 면에서 유전적인 차이가 있다는 얘기는 그럴 듯하게 들릴지도 모른다. 그러나 그러한 차이들이 어떤 것인가에 대해서 명확하게 알려진 바가 없다. 성인의 경우 환경적 영향이 유전적 영향을 덮어 버린다. 게다가 백색, 황색, 흑색 인종의 차이에 비하면 유럽 각국간의 민족적 차이들은 그다지 분명하지도 않다. 또한 현대 유럽 각국의 구성원들 가운데 저 혼자 동떨어진 특징을 보이는 민족이 있다고 말할 만한 명확한 신체적 기준도 전혀 없다. 모두들 다양한 혈통들이 섞여 있는 민족들이기 때문이다.

정신적 우월성으로 얘기가 넘어가면 문명국들은 저마다 그럴 듯한 주장을 들고 나오지만 한결같이 근거 없는 주장들이다. 유대인들이 독일인들보다 열등할 '가능성'도 있다. 그러나 독일인들이 유대인들보다 열등할 가능성도 꼭 그 만큼 있는 것이다. 이런 문제에 사이비 다윈이즘의 용어를 도입하려는 모든 시도는 전적으로 비과학이다. 나중에야 어떤 사실이 밝혀지든 간에 현재 우리에겐 다른 민족을 대가로 한 민족을 고무시키고 싶을 만큼 충분한 근거는 없다.

피히테로부터 시작된 이 같은 움직임은 자신들을 기분 좋게 해주는 것 외에는 아무 득도 없는 믿음을 통해 자존심과 권력욕을 부추기는 방법이다. 피히테에겐 나폴레옹보다 우월감을 느끼게 해줄 교리가 필요했다. 만성적으로 질환에 시달리고 있었던 카알라일과 니체는 상상의 세계에서 보상을 구할 수밖에 없었다.

루디아르 키플링 시대의 영국 제국주의는 최고 산업국의 자리를 상실한 데서 오는 수치심 때문에 생겨났다. 그리고 우리 시대 히틀러주의의 광란은 독일인의 에고가 베르사이유의 차가운 돌풍에 맞서 스스로를 따뜻하게 지킬 수 있는 외투 같은 신화였다. 자존심에 치명적인 상처를 입었을 때 제정신으로 사고할 수 있는 사람은 아무도 없으며 고의적으로 어떤 나라의 자존심을 건드릴 경우 그 나라가 미치광이들의 나라로 변했을 때 결국 자업자득이 될 수밖에 없다.

그렇다면 우리가 지금까지 얘기해온 비합리적이고 반이성적이기까지 한 교리를 폭넓게 수용하게 만든 동기는 무엇인가. 대체로 어느 시대에나 온갖 부류의 선각자들이 설파하는 온갖 교리들이 존재하게 마련이지만 어떤 교리가 대중화되기 위해선 그 시대 분위기에 특별한 호소력을 발휘할 수 있어야 한다.

우리가 살펴본 현대 비합리주의자들의 교리의 특징을 살펴보자. 그들은 사고와 감정보다 '의지'를 강조하고 권력을 찬양한다. 객관적이고 귀납적인 검증보다 이미 정립된 것에 대한 직관적인 '단정'을 믿는다. 이러한 정신 상태는 비행기 같은 현대적 기계를 조종하는 습관에 젖은 사람들이나, 과거의 우월성을 회복할 합리적인 근거를 찾아낼 수 없는 사람들이 보이는 자연스런 반응이다.

산업주의와 전쟁은 기계력에 의존하는 습관을 가져다 주었으며 경제적, 정치적 힘의 대변환을 야기했다. 그 결과 독단적인 자기주장을 펼치는 대규모 집단들을 낳았다. 바로 거기에서 파시즘이 자라난 것이다.

1920년의 세계를 1820년의 세계와 비교해 보면 대자본가, 임금 노동자, 여성, 이교도, 유대인처럼 세력이 커진 측이 있다(여기서 '이교도'란 통치권의 종교와 다른 종교를 가진 이들을 의미한다). 상대적으로 세력이 줄어든 측은 군주, 귀족, 성직자, 중하층 계급,

그리고 여성과 비교해 남성들이 있다.

대자본가들은 과거 어느 때보다도 막강해졌음에도 불구하고 사회주의의 위협, 특히 모스크바에 대한 두려움 때문에 스스로의 안전을 지킬 필요성을 느꼈다. 전쟁 관계자들—육·해군 장성, 비행사, 무기 회사—의 경우도 마찬가지였다. 그들은 그 당시로선 막강했지만 성가신 볼셰비키 패거리와 평화론자들의 위협에 처해 있었다.

이미 패배한 계층들—왕과 귀족, 소규모 상인, 이교 묵인에 대해 격렬하게 반대하는 종교인, 남성이 여성 위에 군림하던 시절을 아쉬워하는 남자들—은 완전히 궁지에 몰렸다. 경제나 문화의 발전 양상으로 볼 때 현대 세계에서 그들의 자리는 전혀 없는 것처럼 보였다.

자연히 그들은 불만을 품게 되었고, 집단적으로 모이면 다수였다. 니체의 철학은 그들의 정신적 요구에 심리적으로 맞아떨어졌다. 자본가들과 군사 전문가들은 대단히 영리하게도 그 점을 이용해 패배한 세력들을 모아 산업과 전쟁을 제외한 모든 부문에서 가장 중세적인 반동을 지지하는 정당을 만들고자 했다. 산업과 전쟁의 경우, 기술적인 측면에 있어서는 현대적인 것을 추구했지만 권력의 분배나 평화를 추구하려는 노력은 기울이지 않았다. 따라서 이들에게 사회주의자들은 위험스런 존재들이었다.

결국 나치 철학의 비합리적 요소들은 더 이상 '존재 이유(raison d'être)'를 가지지 못하게 된 계층들의 지지를 끌어 모아야 할 필요성에서 나온 반면, 비교적 합리적인 요소들은 자본가와 군인들에게서 나왔다.

전자의 요소들이 '비합리적'인 이유는, 예를 들어 소규모 상인들의 경우 자신들의 희망을 실현할 가능성이 거의 없는 상태에서

환상적 믿음만이 좌절에서 벗어나는 유일한 피난처가 된다는 점에
있다. 이에 반해, 자본가와 군인들의 희망은 파시즘을 통해서만 실
현될 수 있다. 그러나 그들의 희망이 오로지 문명의 파괴를 통해서
만 이루어질 수 있다는 사실은 그들을 비합리적이라기보단 차라리
악마로 만든다. 이 사람들은 파시즘에서 지적으론 최고이면서 도덕
적으론 최악의 요소를 이룬다. 나머지 사람들은 영광과 영웅주의와
자기 희생에 현혹되어 자신들의 중대한 이익은 제대로 보지도 못한
채 감정에 휩싸여 자신의 목적도 아닌 것에 스스로 이용당하고자
한다. 바로 이것이 나치 왕국의 정신 병리학이다.

　앞서 자본가들과 군인들은 제정신으로 파시즘을 지지하는 자
들이라고 했지만 비교적 그렇단 얘기다. 독일의 실업가 튜센은 나
치 운동을 이용해서 사회주의를 말살하고 자신의 시장도 광대하게
넓히는 일거양득이 가능하다고 믿었다. 그러나 1914년 그의 선례
자들을 옳았다고 볼 이유가 없는 것처럼 그의 생각이 옳다고 볼 만
한 근거는 전혀 없다. 그로서는 독일인의 자부심과 민족주의 감정
을 위험 수위까지 휘저을 필요가 있겠지만 그 결과는 십중팔구 패
전일 가능성이 높다. 초반의 성공이 아무리 대단하다 해도 궁극적
인 승리를 보장하진 못한다. 지금 독일 정부는 20년 전과 마찬가지
로 미국이란 존재를 잊고 있는 것이다.

　한편, 반동을 지지할 것으로 예측되었음에도 불구하고 대체로
나치에 반대하는 움직임을 보이고 있는 아주 중요한 세력이 있다.
바로 조직화된 종교 세력이다. 나치에서 절정에 달한 반동의 철학
은 어떤 면에서 보면 프로테스탄티즘의 논리적 발전의 결과라고 볼
수 있다.

피히테와 카알라일의 도덕 체계는 캘빈주의적이었고 일평생 로마 가톨릭과 맞섰던 마치니는 개인의 양심은 절대로 과오가 없다고 믿는 철저한 루터주의적 경향을 가졌었다. 니체는 개인의 가치를 절대적으로 믿었고 영웅은 권위에 복종해선 안 된다고 생각했다. 이 점에서 그는 프로테스탄트적 반항 정신을 수용하고 있었던 셈이다. 따라서 프로테스탄트 교회들이 나치 운동을 환영할 것으로 예측할 만한 소지가 충분히 있었고 실제로 일정 정도 그런 모습을 보이기도 했다.

그러나 프로테스탄티즘에는 가톨릭 교리와 공유하는 요소들이 많았으므로 얼마 안 가 신흥 철학에 의해 적대시되고 말았다. 니체는 단호한 반기독교주의자이고 휴스턴 챔벌레인은 기독교를 레반트(시리아, 레바논, 이스라엘 같은 동부 지중해 연안의 나라들—역주)의 잡종 세계주의자들 틈에서 성장한 저속한 미신으로 생각했다.

겸손과 이웃 사랑, 온순한 사람들의 권리를 거절하는 것은 성서의 가르침에 역행하는 것이다. 또한 이론에 그치지 않고 실천으로 옮기는 반유대주의라면 유대교에 기원을 둔 어떤 종교와도 쉽게 화해될 수 없다. 이런 이유들로 해서 나치 왕국과 기독교는 동지가 되기 어려우며 결국 그들간의 반목이 나치의 몰락을 불러오게 될 것이다.

독일에서든 기타 다른 곳에서든 현대의 불합리 숭배가 기독교의 어떤 전통적 형태와도 공존할 수 없는 이유가 또 하나 있다. 유대교의 영향으로 기독교는 진리란 개념과 함께 상관 덕목으로 신의를 채택했다. 빅토리아 시대의 자유 사상가들에게 기독교의 모든 덕목들이 남아 있었던 것처럼 진리와 신의는 '정직한 의심' 속에서도 살아남았다.

그러나 회의주의와 선전의 영향력이 점차 커져감에 따라 진리의 발견은 더욱 가망 없어 보이고 허위를 주장하는 것이 더 유리해 보였다. 이렇게 해서 지성의 고결함은 무너졌다. 히틀러는 나치의 계획을 설명하면서 이렇게 말한다.

"우리 민족 국가는 과학을 민족의 자부심을 높이는 수단으로 높이 받들 것이다. 세계 역사 및 문명의 역사를 가르치는 데 있어서도 이러한 시각에서 출발해야 한다. 발명가는 단순히 발명가로서가 아니라 동포의 한 사람이기 때문에 더더욱 위대해 보여야 한다. 어떤 위대한 행위를 예찬할 때는 그가 우리 민족의 한 구성원이라는 자부심을 가지고 칭송해야 한다. 우리는 독일 역사에 나오는 수많은 위대한 이름들 가운데서도 가장 위대한 이들을 골라내서 청년들 앞에 내세워야 한다. 청년들이 흔들리지 않는 민족주의의 기둥으로 자라날 수 있도록 가장 감명적인 방식으로 말이다."

히틀러에게 진리 추구로써의 과학이란 개념은 깡그리 사라졌다. 따라서 그는 그 개념에 대해 반박조차 하지 않는다. 알다시피 상대성 이론은 그것을 창안한 사람이 유대인이라는 이유만으로 쓰레기통에 처박혔다.

종교 재판소가 갈릴레오의 학설을 거절한 것은 그의 신념이 진실이 아니라고 생각했기 때문이었다. 그러나 히틀러는 학설을 받아들이거나 거절함에 있어 오직 정치적 근거만을 내세울 뿐, 진실이냐 거짓이냐의 개념은 일절 끌어들이지 않는다. 그러한 사고방식을 주창한 윌리엄 제임스조차도 그것이 이용되고 있는 꼴을 본다면 공포로 질려 버릴 것이다.

하지만 객관적 진리란 개념을 포기해 버리고 나면 '무엇을 믿을 것인가?' 라는 문제는 내가 1907년에도 썼듯이 신학이나 과학의 방법이 아닌 '폭력에의 호소와 대규모 병력의 중재'에 의해서만 해결될 수 있을 것이다. 따라서 이성에 대한 반항을 기조로 정책을 펴는 국가는 학문과의 갈등뿐 아니라 진정한 기독교 정신을 이어가는 모든 교회와도 갈등에 빠지게 될 것이다.

이성에 대한 반항이 등장하게 된 요인 가운데 중요한 요소는 능력 있고 정력적인 많은 사람들이 권력욕을 표출할 출구를 찾지 못해 파괴적으로 되어 버린다는 점이다. 예전에는 작은 국가들이 있어 보다 많은 사람에게 정치 권력을 부여했고, 작은 사업들이 있어 보다 많은 사람에게 경제 권력을 제공했다.

교외에서 잠자고 대도시에서 일하는 거대한 인구를 상상해 보라. 기차를 타고, 노동자 계층과는 아무 연대감도 느끼지 못하는 사람들이 살고 있는 수많은 주택가들을 지나 런던으로 출근한다. 그러한 주택가에 사는 남자는 지역 일에는 전혀 참여하지 못한다. 고용주의 지시에 따라 하루 종일 일해야 하기 때문이다. 그의 창의력을 발휘할 수 있는 유일한 출구는 주말마다 뒷마당의 정원을 가꾸는 일뿐이다.

정치적으로 그는 노동자 계층에게 주어지는 모든 것을 부러워한다. 그러나 스스로 빈곤층이라고 느끼면서도 신사연하는 속물 근성 때문에 사회주의나 노동조합이란 수단을 과감하게 선택하지 못한다. 그가 사는 교외에는 고대 도시의 인구만한 많은 사람들이 살고 있지만 지역의 집단 생활에 대한 열의가 없을 뿐 아니라 그런 것에 관심 둘 만한 시간도 없다. 이런 사람들—불만에 찬 태도를 가진 사람이라면 특히—의 눈에 파시스트 운동이 해방 운동으로 비치는 것은 당연하다.

정치에서 이성이 몰락하게 된 데는 두 가지 요인이 있다. 하나는, 세상이 자신들에게 아무런 기회도 주지 않는다고 생각하면서도 임금 노동자가 아니기 때문에 사회주의에서도 희망을 찾지 못하는 계층 및 사람들이 존재한다는 것이다.

또 하나의 요인은 능력 있고 힘 있는 사람들 가운데 공동체의 이해와 반하는 이해 관계를 가진 사람들이 있다는 것이다. 따라서 이들은 다양한 집단 히스테리들을 조장함으로써 자신의 영향력을 안전하게 유지하려 한다. 反공산주의, 외국 군사력에 대한 공포, 경쟁국에 대한 증오가 가장 두드러진 예이다. 합리적인 사람들은 이러한 정서를 느끼지 못한다는 뜻은 아니다. 다만 그러한 정서들이 실제적인 문제에 대해 이성적으로 사고하지 못하게 만드는 수단으로 이용된다는 것이다.

우리의 세계가 가장 필요로 하는 두 가지는 사회주의와 평화이지만 우리 시대 가장 힘 있는 사람들의 이익에 정면 대치되는 것도 바로 이 두 가지다. 이 두 가지 쪽으로 접근하는 조치들을 다수의 이익과 상치하는 것처럼 보이게 만드는 건 그리 어려운 일이 아니다. 가장 쉬운 방법은 집단 히스테리를 일으키는 것이다. 사회주의와 평화로부터의 위협이 높아질수록 정부는 국민의 정신적 삶을 더욱 타락시키려 한다. 또한 현재의 경제적 난국이 가중될수록 고통을 겪는 사람들은 지적인 냉철함에서 벗어나 기만적인 도깨비불 쪽으로 향하게 된다.

1848년 이후로 확대되어 온 국가주의의 열기는 불합리 숭배의

한 형태이다. 하나의 보편적 진실이 있다는 생각은 이미 꺾긴 지 오래다. 영국적 진실, 프랑스적 진실, 독일적 진실, 몬테네그로적 진실, 모나코 공화국을 위한 진실만이 있을 뿐이다. 마찬가지로 임금 노동자들에겐 그들만의 진실이 있고 자본가들에겐 자본가들만의 진실이 있다.

이처럼 다른 '진실들'이 난무하는 가운데 만일 이성적 설득마저 좌절된다면 정신 나간 선전이 판치는 대결과 전쟁에 의해 결정하는 수밖에 없게 된다. 우리 세계를 전염시키고 있는 국가 및 계급 간의 깊은 반목이 해결되어질 때까진 인류가 이성적 정신 습관을 회복하길 기대하긴 어렵다.

문제는 비이성이 만연하고 있는 한 우리의 고민들은 우연히 해결책에 도달하는 수밖에 없다는 데 있다. 왜냐하면 이성이란 사리에 치우침이 없는 것이기 때문에 보편적인 협조를 만들어낼 수 있지만, 비이성이란 사적인 열정을 대표하기 때문에 불가피하게 불화를 빚어내기 때문이다.

보편적이고 공정한 진리의 기준에 호소한다는 의미에서 합리성이야말로 인간 종족의 안녕에 으뜸가는 요소라고 보는 이유도 바로 여기에 있다. 이러한 시각은 합리성이 쉽게 승리할 수 있는 시대에는 물론이고, 합리성이란 자신이 동조할 수 없는 부분에서 살인으로 해결해 버릴 만한 배짱도 없는 사람들의 헛된 꿈에 불과하다며 합리성을 경시하고 거절하는 불행한 시대에는 더더욱 지당하다.

내가 공산주의와 파시즘을 반대하는 이유

Scylla and Charybdis, or Communism and Fascism

요즘엔 공산주의와 파시즘이 정치의 유일한 실제적인 대안이라며, 공산주의를 지지하지 않는 사람은 사실상 파시즘을 지지하는 거나 마찬가지라고 말하는 이들이 많다. 나로 말하자면 그 둘 다에 모두 반대한다. 내가 16세기 사람이었다면 신교도도 가톨릭 신자도 아니었을 것과 마찬가지로 두 대안 중 어느 것도 받아들일 수 없다.

이 글에서 나는 먼저 공산주의와 파시즘에 반대하는 이유를 각각 간략하게 설명하고 그 두 가지의 공통점에 반대하는 이유도 밝히고자 한다.

내가 '공산주의자'라고 할 때의 의미는 제3인터내셔널의 교의를 수용하는 사람을 가리킨다. 어떤 의미에서 보면 초기 기독교인들도 공산주의자들이었고 중세에도 그런 부문들이 많았지만 그런 의미의 공산주의자는 이미 사라지고 없다.

먼저 내가 공산주의자가 될 수 없는 이유들을 차례로 들어보겠다.

1. 나는 레닌의 『유물론과 경험 비판』에 깔린 철학은 물론이고 마르크스의 철학에 동의할 수 없다. 나는 유물론자가 아니며 그렇다고 관념론자는 더더욱 아니다. 역사의 변화에 어떤 변증법적인 요소가 필요하다고 믿지 않는다. 변증법은 마르크스가 헤겔에게서 논리적인 기초—다시 말해 관념 제1주의—만 쏙 빼놓고 물려받은 것이다. 마르크스는 인류 발전의 다음 단계는 어떤 의미에서든 진보임에 '틀림없다'고 믿었는데 나는 그가 어떤 근거로 그런 믿음을 가지게 됐는지 모르겠다.

2. 나는 마르크스의 가치론은 물론 그의 변형된 잉여가치론을 받아들일 수 없다. 상품의 교환 가치는 그 상품을 생산하는 데 든 노동력에 비례한다고 하는 이 논리는 마르크스가 리카르도에게서 물려받은 것으로 리카르도의 지대론에 의해 거짓임이 판명되었고 마르크스주의 학자들을 제외한 모든 경제학자들에 의해 이미 오래 전에 버림받은 논리다. 잉여가치론은 맬더스의 인구론에 의거한 것으로 마르크스는 맬더스 인구론에서 이 부분만 취하고 나머지는 모두 거부했다.

마르크스의 경제학은 전체적으로 논리적 일관성을 세우지 못한 채 옛 학설들을 취사선택하여 구축한 것으로 그 대부분이 자본가들에 대항하는 입장을 세우고자 하는 그의 편의에 따라 이루어진 '취사선택'이었다.

3. 어느 한 사람을 두고 무오류자로 간주하는 것은 위험한 일이다. 필연적으로 지나친 단순화로 귀착되기 때문이다. 성경을 문자 그대로 주입해 온 전통은 사람들로 하여금 무턱대고 성스런 책을 찾게 만들었다. 그러나 권위에 대한 이 같은 숭배는 과학적 정신

에 반(反)하는 것이다.

4. 공산주의는 민주주의가 아니다. 소위 '프롤레타리아 독재'란 것은 사실, 과두 지배 계급이 된 소수의 독재에 다름아니다. 통치란 권력을 잃을 위험에 처해 있지 않는 한 언제나 지배 계급의 이익 속에서 수행된다는 것을 모든 역사가 보여주고 있다. 이것은 역사의 가르침일 뿐 아니라 마르크스의 가르침이기도 하다. 공산주의 국가의 지배 계급에게는 '민주주의' 국가의 자본가 계급보다 훨씬 더 큰 권력이 주어진다. 그 계급이 막강한 군사력을 보유하고 있는 한 자기 계급의 이익을 위해 그 힘을 쓰려 할 것이다. 그러한 이익이 자본가 계급의 이익보다 해롭지 않을 것이라고는 말할 수 없다. 그 계급이 언제나 전체의 이익을 위해 행동할 것이라고 가정하는 것은 어리석은 이상주의에 불과하며 이상주의는 마르크스 자신의 정치 철학과도 상반된다.

5. 공산주의는 자유, 특히 지적 자유를 파시즘을 제외한 다른 어떤 체제보다 심하게 제한한다. 경제적, 정치적 권력이 완벽하게 일치됨으로써 공포스런 압제의 장치가 생겨나게 될 것이고 그 압제에는 예외를 위한 한치의 틈도 없다. 이러한 체제하에서는 진보도 이내 불가능해질 것이다. 자신의 힘을 증대시키는 것을 제외한 어떤 변화에도 반대하는 것이 관료들의 속성이기 때문이다.

모든 중대한 혁신은 평판이 좋지 않은 사람들이 어쩌다 우연히 살아남는 데서 가능했다. 케플러는 점성술로 살았고 다윈은 물려받은 재산으로 살았으며, 마르크스는 엥겔스가 맨체스터의 프롤레타리아를 '착취'해서 보내주는 돈으로 살았다. 평이 좋지 않았음에도 불구하고 살아남을 수 있었던 이러한 기회들이 공산주의하에서는 불가능해질 것이다.

6. 마르크스와 요즘 공산주의자들의 사고에는 정신 노동자들에 비해 육체 노동자들을 지나치게 미화하는 면이 있다. 그 결과, 어쩌면 사회주의의 필연성을 이해할 수도 있었을 많은 정신 노동자들을 적으로 돌려 왔다. 그들의 도움 없이는 사회주의 국가의 조직이 불가능한데도 말이다. 마르크스주의자들이 설정해 놓은 계급 구분은 이론보다 실제에서 더 심하다. 실상, 그들 자신부터가 너무도 비천한 계급 출신들이다.

7. 계급 전쟁을 설파하는 것은 대립하는 양 세력이 어느 정도 힘이 비슷하거나 혹은 자본가 측이 우세한 시점이라 해도 계급 전쟁을 일으키겠다는 얘기처럼 들린다. 만일 자본가 측의 힘이 우세하다면 그 결과는 반동의 시대다. 만일 양측의 힘이 엇비슷하다면 현대의 전쟁 방식을 감안할 때 그 결과는 자본주의나 공산주의 할 것 없이 모두 사라져 버리는 문명의 파멸로 이어질 가능성이 높다.

내 생각으론 민주주의가 존재하는 곳의 사회주의자들은 설득에 의존해야 하며, 무력은 적들이 비합법적인 무력으로 나올 때에만 사용해야 한다. 이런 방법을 쓰면 사회주의자들이 크게 우세할 수 있을 것이므로 결전 기간을 단축시킬 수 있을 것이고 따라서 문명 파괴라는 심각한 사태로까지 나아가지 않아도 될 것이다.

8. 마르크스와 공산주의는 너무도 많은 증오로 가득 차 있다. 따라서 공산주의자들이 승리한다 해도 적의가 터져나오지 않는 여유있는 체제를 구축할 것이라고 기대하긴 힘들다. 그러므로 승자들에겐 압제를 옹호하는 주장들이 실제보다 더 강력해 보일 것이며 특히, 치열하고 불확실한 전쟁에서 승리했을 경우에는 더욱 그렇

다. 그러한 전쟁을 치르고 승리한 측이 올바른 분별력을 가지고 재건에 나서리라고 기대하는 건 무리다. 전쟁에는 두려움에서 나오는 그 자체의 심리 구조가 있다는 것, 따라서 전쟁은 애초의 투쟁 명분에서 이탈해 독자적으로 흐르게 된다는 점을 마르크스주의자들은 너무 쉽게 망각한다.

실제적으로 공산주의와 파시즘이 유일한 대안이라고 보는 시각은 내가 보기엔 미국이나 영국, 프랑스, 그리고 심지어 이탈리아와 독일에서도 단연코 사실이 아닌 것 같다. 영국은 크롬웰 치하에서, 프랑스는 나폴레옹 치하에서, 파시즘을 겪었지만 두 나라 중 어느 나라에서도 그 경험이 그 후의 민주주의의 발전에 장애가 되진 않았다. 또한 정치적으로 미성숙한 나라들이 정치적 미래에 대한 지표가 될 수 없음은 물론이다.

파시즘에 대한 나의 반론은 공산주의에 대한 반론에 비하면 훨씬 단순해서 어떤 의미에서는 원론적인 측면이 많다. 공산주의자들의 목표는 전반적으로 나도 동감하는 바이다. 다만 내가 동의하지 못하는 것은 그들의 수단이다. 그러나 파시스트들의 경우 나는 그들의 수단 못지않게 목표까지도 증오한다.

파시즘은 복합적인 운동이다. 독일과 이탈리아에서의 형태도 매우 달랐고 만일 다른 나라로 확산된다 해도 역시 각기 다른 형태를 띠게 될 것이다. 그러나 거기에는 일정한 본질적 요소들이 있다. 파시즘은 반 민주적, 국가주의적, 자본주의적이다. 또한 현대 세계의 발전 과정에서 제자리를 찾지 못하면서도 사회주의나 공산주의 체제가 확립되면 더 힘들어질 것이라고 두려워하는 중산 계층에 호소한다.

공산주의도 물론 반민주적이긴 하지만 적어도 공산주의 이론이 실제 정책으로 연결되어지는 한 반민주적 성격은 일시적일 뿐이다. 게다가 공산주의는 노동자들의 이익에 봉사함을 목표로 하고있다. 선진 국가들에서 노동자들은 다수를 차지하고 있고 따라서 공산주의자들은 전체 인구를 노동자로 만들 계획을 가지고 있는 것이다.

파시즘은 보다 근본적인 의미에서 반민주적이다. 절대 다수의 절대 행복을 주요 목표로 인정하지 않는 대신, 특정 개인이나 국가, 계층들을 선택해서 '최고'라고 내세우며 배려할 만한 가치가 있는 유일한 것이라고 주장한다. 나머지 사람들은 선택된 자들에게 봉사하도록 무력에 의해 강요된다.

파시즘이 권력 투쟁에 몰입해 있는 기간 동안은 상당한 세력을 가진 인구에 호소하지 않을 수 없다. 독일과 이탈리아의 파시즘은 모두 사회주의로부터 자라났지만 단, 정통 프로그램에서 반국가주의적인 요소들은 모조리 빼버렸다. 사회주의로부터 경제 계획과 국가 권력 증대에 관한 아이디어를 얻긴 했지만 그 계획은 전세계의 이익을 위한 것이 아니라 한 나라의 최상층 및 중간 계층의 이익을 위한 계획으로 변질되었다.

또한 파시즘은 이런 이익들을, 능률을 증대시켜 확보하기보단 노동자 및 힘없는 중간 계층에 대한 압제를 증대시킴으로써 얻으려 한다. 파시즘의 자비가 미치지 않는 영역에 놓인 계층들에게는 기껏해야 지휘 감독이 잘 되는 감옥에서 얻을 수 있는 정도만을 기대할 뿐, 그 이상의 것은 바라지도 않는다.

파시즘에 반대하는 근본적인 이유는 인류의 일부를 선택해 그들만이 중요하다고 보는 데 있다. 애초에 통치 세력이 확립된 이래로 권력을 가진 자들은 사실상 그러한 선택을 자행해 왔다. 그러나 기독교에서는 이론으로나마 개별 인간의 영혼은 그 자체가 목적이며 타인들의 영광을 위한 수단이 될 수 없다고 정의해 왔다. 현대 민주주의의 힘은 기독교의 그 같은 도덕적 이상에서 나왔으며, 통치 세력이 힘 있고 돈 있는 자들의 이익에만 몰두하는 것을 막는 데 큰 역할을 해왔다. 이런 측면에서 보면 파시즘은 고대 우상 숭배의 최악의 형태로 복귀한 것이다.

또한 파시즘이 성공하기 위해서라면 자본주의의 병폐를 치유하기 위한 조치를 전혀 하지 않을 것이다. 아니, 오히려 그러한 병폐를 더욱 악화시키려 들 것이다. 육체 노동자는 강제 노동에 의해 근근이 목숨을 이어가게 될 것이고 그러한 노동에 종사하는 사람들에겐 정치적 권리뿐 아니라 거주지나 작업장을 선택할 자유, 어쩌면 영속적인 가정 생활조차도 일체 보장되지 않을 것이다. 결국 사실상의 노예인 것이다.

독일이 실업을 다루는 방식에서 이미 이 모든 것이 진행되고 있음을 목격할 수 있다. 이러한 현상은 민주주의의 통제에서 벗어난 자본주의의 불가피한 결과이며 이와 유사한 러시아의 강제 노동 실태는 이것이 모든 독재의 불가피한 결과란 것을 시사해 준다. 역사를 보아도 전제주의에는 언제나 노예제나 농노제가 함께 했다.

파시즘이 성공하려면 필연적으로 이 모든 일들이 벌어지게 되어 있다. 그러나 파시즘이 영구히 성공할 가능성은 희박하다. 파시즘은 경제 국가주의란 문제를 해결할 수 없기 때문이다. 나치측의

167

가장 막강한 힘은 중공업, 특히 철강과 화학이었다. 국가 차원에서 조직된 중공업은 오늘날 전쟁 조장에 가장 큰 영향력을 발휘하고 있다. 만일 모든 문명국들에 중공업의 이익에 예속된 정권이 들어서 있다면—사실, 이미 상당 정도 그렇긴 하지만—조만간 전쟁은 불가피해질 것이다. 파시즘이 새롭게 승리할 때마다 전쟁은 가까워진다. 그리고 일단 전쟁이 터지면 그 당시 존재하고 있던 모든 것은 물론, 파시즘조차도 깨끗이 쓸어 버릴 가능성이 높다.

파시즘은 자유방임주의나 사회주의, 공산주의처럼 정돈된 믿음 체계가 아니며 본질적으로 감정적 항변에 불과하다. 현대 경제의 발달로 고통받는 소상인 같은 중산층들의 감정과 권력을 사랑한 나머지 과대망상증에 걸려 버린 무정부주의적 산업계 우두머리들의 감정이 그 축을 이루고 있다.

또한 파시즘은 지지자들이 바라는 것을 성취시켜 줄 수 없다는 점에서 불합리하다. 파시즘의 철학이란 건 없으며 다만 정신 분석학이 있을 뿐이다. 파시즘이 성공하게 되면 결과는 비참함의 확산일 뿐이다. 그러나 파시즘은 전쟁 문제에 있어 해결책을 찾을 능력이 없기 때문에 장기적으로 성공할 수 없다.

영국과 미국이 파시즘을 채택할 가능성은 거의 없다고 본다. 이 두 나라의 확고한 대의 정체(政體)의 전통이 파시즘 쪽으로 발전해 가는 것을 허용하지 않을 것이기 때문이다. 일반 시민들은 공적인 일이 자신과 밀접한 관계가 있다고 생각하므로 자신의 정치적 견해를 표현할 수 있는 권리를 상실하고 싶어하지 않을 것이다. 총선이나 대통령 선거는 이미 그들에겐 더비(경마 대회)와도 같은 즐거운 행사이기 때문에 선거 없는 생활은 매우 따분하게 느껴질 것이다. 프랑스의 경우는 자신 있게 말하기 어렵다. 하지만 프랑스가 파시즘을 선택한다면 나로선 놀라운 일일 것이다. 전시중에 잠시 동안이라면 몰라도.

공산주의와 파시즘에 동시에 적용되는 몇 가지 반론—내가 보기엔 이것이야말로 가장 결정적이다—이 있다. 두 체제 모두 소수의 집권자들이 대다수의 국민들을 미리 생각해 둔 틀에 강제로 짜맞추려 한다. 그들은 마치 기계를 제작하는 사람이 재료를 보듯 국민들을 바라본다. 기계 재료들은 자체 내 고유의 발전 법칙이 아닌 제작자의 목적에 따라 많은 변형을 겪게 된다.

생물이 관련된 경우, 특히 인류가 관련된 대부분의 경우에는 자발적 성장만이 일정한 결과를 낳도록 되어 있어 그외의 결과들은 강제와 압력에 의해서만 얻을 수 있다. 발생학자들이 머리가 둘인 동물이나 발가락이 나야 할 자리에 코가 나 있는 짐승 따위를 만들어 낼 수 있을진 모르지만 그런 기형 동물들이 즐겁게 생활하리라곤 생각하기 힘들 것이다.

이와 마찬가지로 사회 전체의 밑그림을 구상하고 있는 파시스트와 공산주의자는 특정 틀에 끼워 맞추기 위해 개인들을 비틀어 버린다. 제대로 비틀어지지 않는 사람들은 죽여 버리거나 강제 수용소로 보내 버린다. 개인의 자발적인 추진력을 완전히 무시하는 이런 류의 관점이 윤리적으로 정당화될 수 있다거나 장기적으로 정치적인 성공을 거둘 수 있다고는 생각할 수 없다.

공작새 모양을 만들기 위해 관목을 잘라내는 것처럼 인간에게도 그와 같은 폭력으로, 그와 같은 왜곡을 가할 수 있을지도 모르겠다. 그러나 관목은 수동적으로 존재하는 반면 독재자가 무엇을 바라든 간에 인간은 능동적으로 존재한다. 영역을 옮겨서라도 말이다.

관목은 정원사에게서 배운 가위질을 널리 퍼뜨릴 수 없다. 그러나 가위질로 왜곡된 인간은 자신이 가위를 휘두를 수 있는, 자기보다 못한 사람들을 언제든 찾아낼 수 있다. 사람에게 인위적인 틀을 가했을 때 찾아오는 필연적인 결과는 잔인함 아니면 무관심, 혹은 이 둘이 번갈아 나타나는 인간들을 양산해 내는 것이다. 그리고 이러한 특징들을 가지게 된 인간 집단에게선 어떤 선함도 기대할 수 없다.

또 하나, 독재자에게 미칠 도덕적 영향이라는 측면도 공산주의자와 파시스트는 충분한 관심을 두지 않는다. 만약 독재자가 본래 인간적 연민이 없는 사람이라면 처음부터 지나치게 무자비할 것이며 비인간적 목적을 추구함에 있어 어떤 잔인한 짓도 마다하지 않을 것이다. 그러나 만일 그가 이론이 강요하는 비참함에 대한 동정심으로 괴로워한다면 아마도 좀더 잔인한 성격을 가진 사람에게 자리를 내주고 물러나든가, 아니면 자신의 인간적인 감정을 억눌러야 할 것이다. 그럴 경우, 그러한 갈등을 겪지 않은 사람보다 훨씬 더 잔학해지기 쉽다.

어느 경우든 간에 통치권은 자신의 권력욕을 특정 형태의 사회에 대한 갈망으로 위장한 무자비한 사람의 수중에 있게 될 것이다. 그 정권의 목표에 애초 선한 부분이 얼마나 들어 있었던 간에 독재 정치의 불가피한 논리에 의해 점차 퇴색해 갈 것이며 독재 권력의 보존이 국가란 기계의 노골적인 목적으로 점점 강하게 부각될 것이다.

기계에 몰두하게 되면 이른바 기계 조종자의 허위 의식이란 것이 생기게 된다. 개인들과 사회를 무생물 다루 듯하면서 조종자들 스스로가 신적 존재가 된 것처럼 착각하게 되는 것이다. 그러한 처우를 받는 인간들도 바뀌어지지만, 기계 운전자들 자신도 기계 조작이 주는 영향으로 인해 달라지는 것이다.

그러므로 사회 역학이란 대단히 어려운 학문이다. 따라서 그에 관해선 독재를 보증할 수 있을 만큼 잘 알려져 있지 않다. 전형적인 조종자의 경우, 수동자 내부에 깃든 자연스런 성장력에 대한 동정심이 모두 쇠퇴해 버린다. 그 결과 수동자는 조종자가 바라는 대로 미리 생각해 둔 틀 속에 수동적으로 적응하는 것이 아니라, 병적으로 뒤틀려 버림으로써 괴상하고 섬뜩한 사회를 만들어 내는 것이다.

심리학적으로 볼 때, 인류가 이러한 기형 괴물이 되지 않기 위해선 자유로운 성장, 자기 마음대로 해보기, 훈련되지 않은 자연스런 삶이 필수적이다. 이것이야말로 민주주의와 인내가 요구되는 궁극적인 이유인 것이다.

어쨌거나 나처럼 공산주의와 파시스트의 독재, 둘 다 바람직하지 않다고 믿는다면 그것들이 유일한 대안이라고 주장하며 민주주의를 폐물 취급하는 경향에 대해 한탄하지 않을 수 없을 것이다. 인류가 그것들이 유일한 대안이라고 생각하면 실제로 그렇게 될 것이고, 그렇지 않다고 생각하면 그렇게 되지 않을 것이기 때문이다.

사회주의를 위한 변명

The Case for Socialism

오늘날 사회주의자들은 대다수가 칼 마르크스의 제자들로서, 사회주의를 일으킬 수 있는 유일한 정치적 힘은 박탈당한 무산 계급이 생산 수단을 소유한 자들에 대해 느끼는 분노에서 나온다는 믿음을 마르크스로부터 물려받았다.

이에 대한 반발로 프롤레타리아가 아닌 사람들은 거의 예외없이 사회주의는 격퇴해야만 하는 것이라고 판단하게 되었다. 그리하여 자신들을 가리켜 적이라고 공언하는 사람들이 계급 전쟁을 설파하고 다니는 것을 볼 때면 그들은 자연히, 그 전쟁을 아직 자신들에게 권력이 있을 때 시작하고픈 심정이 된다. 따라서 파시즘은 공산주의에 대한 역습, 그것도 대단히 만만찮은 역습이다.

이렇듯 사회주의가 맑시스트의 용어로 설파되는 한, 강력한 반감을 불러일으키게 되므로 서구 선진국에서 사회주의의 가능성은 날이 갈수록 희박해진다. 사회주의가 부자들의 반발을 불러일으키는 것은 어떻게 보면 당연할 수 있겠지만 반대 여론을 좀 덜 격하게, 좀 덜 확산되게 만들 수도 있었다.

　나 자신, 사회주의자임을 여느 열렬한 맑시스트 못지않게 확신하고 있긴 하지만 사회주의가 무산 계급의 복수를 위한 복음이라곤 생각지 않는다. 또한 근본적으로 경제 정의를 보증하는 수단이라고도 결코 보지 않는다. 나는 사회주의를 일차적으로 기계 생산 체제에 대한 적응책이라고 생각한다. 그것은 상식 수준에서 요구되는 적응책이며 무산 계급의 행복뿐 아니라 미미한 소수를 제외한 모든 인류의 행복을 증대시키는 데 적합한 적응책이다.

　만일 지금 그것이 폭력적인 혁명이 아니고서는 실현될 수 없는 처지라면 그 원인의 대부분은 그를 주창하는 자들이 폭력적이라는 데 있다고 보아야 한다. 그러나 보다 온건한 주장으로 적대감을 줄여 나가면 좀 덜 파멸적인 변화가 가능할 수 있지 않을까 하는 희망을 나는 아직도 가지고 있다.

　먼저 사회주의의 정의에서부터 시작해 보자. 이 정의는 경제와 정치라는 두 부분으로 구성된다. 경제면으로 볼 때 적어도 토지와 광물, 자본, 은행, 신용, 무역을 포함한 기본 경제권을 국가가 소유해야 한다. 정치면에서는 기본 정치 권력이 민주적이어야 한다. 이러한 사회주의의 정의에 대해선 마르크스 자신이나 1918년 이전의 모든 사회주의자들도 당연히 동의할 것이다.

　그러나 볼셰비키가 러시아 제헌 의회를 해산시킨 이후로 교리가 변질되었다. 이 교리에서는 혁명으로 사회주의 정권이 수립되어지면 가장 열렬한 지지자들에게만 정치 권력이 주어지게 되어 있다. 내전이 끝나자마자 패배자들에게 참정권을 준다는 것이 쉬운 일이 아니란 건 물론 인정하지만 그런 식으로 나가는 한 진정한 사회주의의 확립은 요원할 것이다. 사회주의 정권이 경제 부문의 사회주의화를 달성했다 하더라도 민주적 정부로 만들어가는 데 필요한 대중적 지지를 충분히 확보하기 전까진 아직 제 임무를 다했다고 볼 수 없다.

민주주의의 필요성은 극단적인 경우를 살펴보면 자명해진다. 동방의 전제 군주라면 자기 영토 내의 모든 천연 자원은 짐의 것이라고 선포할 수 있을지 모르지만 사회주의 정권은 그런 식으로 확립될 수 없다. 또한 콩고의 레오폴드 2세의 통치 방식을 모델삼아 따를 수도 없는 노릇이다.

대중의 통제가 없다면 정권이 자신의 부의 축적을 제쳐놓고 경제 계획을 수행하리라고 기대할 만한 근거가 없으며, 결국 그것은 모양만 새롭게 바꾼 착취에 불과할 것이다. 따라서 민주주의는 반드시 사회주의 체제의 한 요소로 받아들여져야만 한다.

경제적 측면에 대해선 좀더 자세한 설명이 필요하다. 사기업 형태가 사회주의와 양립할 수 있다고 보는 시각과 그렇지 않다고 보는 시각이 있을 수 있기 때문이다. 사회주의 개척자는 국가로부터 땅을 빌려 손수 통나무집을 지을 수 있는가? 그렇다. 하지만 그렇다고 해서 개인이 뉴욕에 초고층 빌딩을 세울 수 있다고 말할 수는 없다.

마찬가지로 한 개인이 친구에게 1실링을 빌려줄 순 있어도 금융가가 기업이나 외국 정부에 천만 실링을 빌려주지 못할 수도 있다. 이것은 정도의 문제여서 해결하기가 수월하다. 대규모 거래에는 다양한 법적 형식들이 요구되는 반면 작은 거래들은 그렇지 않기 때문이다. 그러한 형식이 불가피할 경우 관리력을 발휘할 기회가 정부에게 주어진다.

또 하나 예를 들어보자. 보석은 경제적 의미의 자본은 아니다. 그것은 생산 수단이 아니기 때문이다. 그러나 현 사회에선 다이아몬드를 가진 사람은 그것을 팔아 주식을 살 수가 있다. 사회주의하에서라면 그는 아마 다이아몬드를 계속 보유할 순 있되 그것을 팔아 주식을 살 순 없을 것이다. 사회주의에서는 사고 싶어도 주식이란 게 없을 테니까.

사유 재산을 굳이 법으로 금지할 필요는 없다. 다만 사적인 투자만 금지하면 될 것이다. 그렇게 되면 이자를 받는 사람이 없어질 것이므로 개인이 소지하기 적당한 정도의 소액을 제외한 사유 재산은 점차 사라지게 될 것이다. 다른 사람들 위에 군림하는 경제력을 개인이 소유하게 해선 안 되지만 경제력을 부여하지 않는 정도의 사유 재산은 잔존시켜도 좋을 것이다.

사회주의의 확립—파괴적인 혁명전(戰)을 거치지 않고 확립할 수 있다고 가정할 경우—에서 기대할 수 있는 여러 가지 이익이 노동자 계급에게만 돌아가는 것은 결코 아니다. 그러한 이익의 전부 혹은 일부가 길고도 힘든 계급 투쟁에서 사회주의 당이 승리한 결과로 얻어질 거란 생각에 대해선 나는 자신하지 못한다.

그러한 투쟁은 사람들의 성질을 악화시키고 무자비한 형태의 군사력을 전면에 부각시키며, 죽임과 추방과 감금으로 수많은 전문가들의 귀중한 재능을 낭비하게 만든다. 그 결과, 승리 정권은 병영 막사처럼 엉성한 정신 상태가 될 것이기 때문이다.

내가 사회주의의 장점을 주장할 때는 사회주의 체제가 설득에 의해 확립되었을 때, 설사 무력이 필요하다고 해도 반항하는 소규모 패거리들을 격파할 수 있을 만큼의 무력만 보유하고 있을 때를 가정하고 하는 얘기다. 만일 사회주의자들의 선전이 계급간의 질투심에 호소하는 것이 아니라 경제 조직화의 명확한 필요성에 호소하면서 증오와 원한을 줄인다면 설득 작업이 훨씬 용이할 것이고 따라서 무력을 쓸 필요성도 줄어들 것이다.

나는 설득을 통해 합법적으로 확립된 것을 지키는 이상으로 무력을 사용하는 데는 강력히 반대한다. 왜냐하면 첫째, 그러한 무력은 실패할 가능성이 높기 때문이다. 둘째, 그러한 싸움은 분명히 엄청나게 파괴적일 것이기 때문이다. 셋째, 감당하기 힘든 오랜 싸움을 치른 뒤 승리자들은 본래의 목적을 망각하고 아주 색다른 것을 창시할 가능성이 높기 때문이다. 그것은 아마도 십중팔구 군사 독재 체제일 것이다. 그러므로 나는 다수를 평화적으로 설득해 사회주의를 받아들이도록 만드는 것이야말로 사회주의의 성공 조건이라고 전제한다.

이제 내가 사회주의에 찬성하는 논거 아홉 가지를 제시하겠다. 새로운 것은 없으며 각 사항이 동일한 중요성을 지니지도 않는다. 목록을 늘이자면 한없이 길어질 수도 있지만 이 아홉 가지만으로도 사회주의가 오직 한 계급만을 위한 복음이 아니라는 것을 보여주는 데 충분하리라고 생각한다.

1. 이윤 동기의 몰락

독립된 경제 범주로서의 이윤은 산업 발달이 일정 단계에 이르렀을 때 비로소 명백해진다. 그러나 로빈슨 크루소와 프라이데이와의 관계에서 벌써 그 맹아를 엿볼 수 있다.

예를 들어 가을에 추수가 끝난 후 로빈슨 크루소가 자신의 총으로 섬의 모든 식량을 장악했다고 가정해 보자. 그리고 나면 그는 프라이데이에게 내년 농사를 준비하도록 시키는 위치가 된다. 프라이데이를 먹여 살려주는 대신 내년에 생산하는 모든 잉여를 고용주인 자신에게 바치도록 하는 조건으로 말이다. 이 계약으로 로빈슨 크루소가 얻게 되는 것을 그의 자본에서 나온 이익으로 생각해도 좋을 것이다. 그가 소유하고 있는 몇 가지 도구와 비축 식량이 그의 자본인 것이다.

그러나 보다 문명화된 조건에서 발생하는 이윤은 좀더 복잡한 교환 상황과 연루된다. 면직물 생산자는 자신과 가족을 위해서만 면을 생산하진 않는다. 기타 다른 필요에 의해 자신이 생산한 것을 다량 내다 팔아야만 한다. 또한 면직물을 생산하려면 목화, 기계, 노동력 등이 필요하다. 그가 이런 것들에 쓰는 비용과 완제품을 팔아 얻게 되는 돈 사이의 차액이 그의 수입이 되는 것이다.

그러나 만일 그가 직접 자기 공장을 꾸려간다면 경영자를 고용해 자기가 하는 일과 똑같은 일을 시켰을 때 주어야 할 봉급을 빼고 생각해야 한다. 다시 말해 생산자의 이윤은 전체 수입 가운데서 가상의 경영자에게 줄 임금, 즉 자신의 노동력에 대한 대가를 뺀 나머지가 된다.

주주들이 경영에 전혀 참여하지 않는 대기업의 경우 주주들이 받는 것은 모험에 대한 이윤이다. 투자 자본을 가진 사람들은 이윤을 기대하면서 움직이게 되므로 이윤에 대한 기대야말로 어떤 새로운 시도에 착수할 것인지, 기존의 어떤 부분을 확대할 것인지를 결정짓는 동기가 된다.

현재의 체제를 옹호하는 사람들은 전체적으로 보아 적절한 상품을 적당량 생산하는 데서 이윤이 나올 것이라고 가정해 왔다. 그러한 가정은 과거에는 어느 정도 사실이었지만 지금은 더 이상 그렇지 못하다.

이것은 현대의 생산이 복잡한 성격을 띠게 된 결과다. 만일 내가 작은 시골 마을의 구두 수선공이라고 한다면 나는 내 이웃들이 나에게 가져올 수선할 구두가 몇 켤레나 될지 대충 짐작할 수 있다. 그러나 만일 내가 값비싼 기계들을 갖추고 대규모 신발 공장을 경영한다면 신발을 몇 켤레나 팔 수 있을 것인지는 추측할 수밖에 없으며 그 추측은 빗나가기 쉬울 것이다.

다른 누군가가 더 좋은 기계를 들여와 신발들을 더 싼값에 팔게 될지도 모르고, 우리 공장 제품을 쓰던 고객들이 가난해지는 바람에 낡은 신발을 더 오래 신는 법을 터득할 수도 있고, 유행이 바뀌어서 사람들이 내 기계들로는 생산할 수 없는 신발을 요구할 수도 있는 것이다.

이 가운데 어느 한 가지 경우만 발생한다 하더라도 나는 이윤을 얻지 못하게 될 뿐 아니라 기계들도 놀리게 되고 우리 직공들도 일자리를 잃게 된다. 내 기계들을 만드는 데 들어간 노동력은 결국 유용한 상품 생산이란 결과를 낳는 데 실패하고 바다에 던진 모래처럼 완전히 헛된 것이 되어 버린다. 일자리에서 물러난 사람들은 더 이상 인간이 필요로 하는 어떤 것도 만들어 내지 못할 것이며 그 사회는 그들이 굶어죽는 것을 막는 데 드는 비용만큼 빈곤해질 것이다.

임금이 아닌 취업 보조금에 의존해 살게 된 사람들은 예전만큼 돈을 쓰지 못할 것이고 그 결과, 그들이 예전에 사 쓰던 상품을 만드는 사람들에게도 실업 현상이 나타난다. 결국 처음에 이윤을 남기고 팔 수 있는 신발의 숫자를 잘못 산정하는 바람에 실업의 파장을 점점 확대되며 수요의 감소까지 동반하게 된다. 내 입장에선 아마도 내 전자본과 신용을 들여 장만했을 비싼 기계들에 발이 묶여질 것이다. 그 때문에 나는 신발 사업을 그만두고 좀더 잘되는 업종으로 바꾸고 싶어도 그럴 수가 없다.

이번엔 위험도가 좀더 높은 조선 사업을 들어보자. 전시 기간은 물론이고 종전 후 얼마간은 선박 수요가 엄청났다. 전쟁이 얼마나 지속될지 U 보트가 얼마나 성공할지 아무도 속단할 수 없는 상황에서 유례없이 많은 수의 선박들이 만들어졌다.

그러나 1920년으로 접어들자 전쟁으로 인한 손실 부분이 채워졌고 해상 무역의 감소로 인해 선박의 수요가 갑자기 줄어들었다. 조선 시설 대부분이 무용지물로 되었고 조선소에서 일하던 사람들 태반이 직장에서 내몰렸다. 조선업이 그런 불행을 당해도 마땅하다고 말할 순 없다. 그 동안 정부들이 최대한 빨리 선박을 만들라고 미친듯이 재촉해 왔기 때문이다.

그러나 사기업 제도하의 정부들은 궁핍해져 버린 조선 관계자들에 대해 전혀 책임을 느끼지 않았다. 결국 빈곤이 확산되는 것은 불가피했다. 철강 수요가 줄어들면서 철제 및 철강 산업이 어려움에 처했다. 호주 및 아르헨티나산 육류의 수요도 줄어들었다. 실업자들이 검소한 식단으로 만족해야 했기 때문이다. 그 결과 육류를 사주는 대가로 호주와 아르헨티나에 팔아 왔던 제품들에 대한 수요도 감소했다. 이런 식으로 파급은 끝없이 이어진다.

오늘날 이윤 동기가 실패하게 된 보다 중요한 이유가 하나 있다. 그것은 바로 희소 가치 창출의 실패이다. 어떤 종류의 상품이 적절한 기준 이상으로 싼값에 대량 생산되는 일은 흔히 있는 일이다. 이 경우 가장 경제적인 생산 형태는 전세계를 통틀어 단 한 군데의 공장에서만 그 상품을 만들게 하는 것이다. 그러나 점차 대량 생산 쪽으로 나아가고 있는 상황에서도 공장은 수없이 생기고 있는 것이 현실이다. 세상에 자기 공장만 있다면 모든 사람들에게 독점 공급하여 큰 이윤을 볼 수 있다는 건 어느 공장주도 다 안다. 그러나 현실에는 경쟁자들이 존재하므로 어느 공장도 최대한 생산하지 못하기 때문에 모두들 이윤을 확보하지 못하고 있다.

그 결과로 나타난 것이 경제 제국주의다. 이윤 획득의 유일한 가능성이 대형 시장의 배타적 장악에 달려 있기 때문이다. 보다 약한 경쟁자들은 점점 뒤로 쳐지게 되고 그 중 하나가 폐업할 경우 그 단위가 클수록 혼란도 커진다. 경쟁으로 인해 너무 많이 생산하여 이윤도 남기지 못하고 팔게 되는 상황이 계속된다.

그러나 이러한 상황에도 불구하고 공급의 감소는 지나치게 완만하다. 값비싼 기계들을 갖춘 공장들로서는 전혀 생산을 하지 않는 것보단 몇 년 정도 손해를 보더라도 생산을 계속하는 것이 덜 치명적이기 때문이다.

이 모든 소동과 혼란들은 현대의 대규모 산업이 사적 이윤이란 동기에 의해 움직이도록 방치해 둔 결과다. 자본주의 체제에서는 특정 상품을 어느 기업이 제조할 것이냐의 여부를 결정하는 비용을 사회가 아닌 기업이 부담하게 되어 있다.

그 차이가 무엇인지 가상의 예로써 살펴보자. 어떤 사람—헨리 포드 씨라고 해두자—이 누구도 경쟁할 수 없는 싼 가격으로 자동차를 만드는 방법을 찾아냈다고 하자. 그 결과 다른 차동차 회사들은 모두 도산하게 된다. 따라서 값싼 새 차 한 대를 생산하게 됨으로써 사회가 지출하는 비용을 보전하기 위해서는 이제 쓸모없게 되어버린 다른 회사들의 모든 설비와 과거 다른 회사들에서 일하다가 직장을 잃게 된 근로자와 경영자들을 키우고 교육하는 데 들 비용의 적절한 할당액을 포드 씨의 제작비에 추가해야만 한다(물론 실직자 가운데 일부는 포드의 회사로 흡수되겠지만 전원이 그렇게 되기란 힘들 것이다. 포드 씨 회사의 새로운 공정은 예전보다 저비용이고 따라서 노동력도 덜 필요하기 때문이다).

사회가 부담해야 할 비용은 그밖에도 더 있다. 노동 쟁의, 파업, 폭동, 경찰력의 증강, 재판과 구금. 이 모든 항목들을 고려해 보면 옛날 차들보다 새 차들이 사회에 안기는 부담이 훨씬 크다는 것이 금방 드러난다. 우리 경제 제도에서는 무엇이 사회에 유리한가를 결정하는 것은 사회 부담 비용인 반면, 실제로 이루어지는 일을 결정하는 것은 개별 생산업자의 부담 비용이다.

이 문제를 사회주의에서는 어떻게 처리하는지에 대해선 다음 단계에서 설명하기로 한다.

2. 여가의 가능성

기계의 생산력 덕분에 인류는 과거보다 훨씬 적게 일하고도 상당수준의 풍요를 누릴 수 있게 되었다. 일부 꼼꼼한 저술가들은 하루 1시간씩만 일해도 충분하다고 주장하지만 그 계산에선 아시아의 상황을 충분히 참작하지 않은 것 같다. 내가 보기엔 하루 4시간 노동을 주장하는 것이 가장 타당한 것 같다. 모든 성인들이 그만큼씩

184

만 일한다면 분별력 있는 사람들이 바라는 만큼의 물질적 편의를 충분히 생산할 수 있다고 본다.

그러나 지금 시대에는 이윤 동기가 작용하고 있는 탓에 여가가 고르게 분배될 수 없다. 즉, 어떤 사람들은 과로하고 어떤 사람들은 완전히 실직 상태에 있는 것이다. 고용주는 임금 노동자의 가치가 그가 하는 일의 양에 달려 있고 작업량은 노동 시간이 7~8시간을 초과하지 않는 한 노동 시간에 비례한다고 생각한다. 반면에 임금 노동자들은 짧은 시간 일하고 낮은 임금을 받기보단 오래 일하고 높은 임금을 받는 쪽을 택한다. 그리하여 노사 양측이 다 장시간 노동을 선택하게 되고 그 결과로 실직하게 된 사람들은 굶어죽거나 국민의 비용으로 정부 당국의 보살핌을 받아야 하는 것이다.

지금 현재로선 인류의 대다수가 합당한 수준의 물질적 풍요에 도달해 있지 못하기 때문에 필수품과 간단한 편의재에 관한 한 현명하게만 운용하면 하루 평균 4시간 이하의 노동으로도 지금 생산되고 있는 만큼 충분히 생산할 수 있을 것이다. 이것은 다시 말하자면 근로자의 평균 작업 시간이 8시간이라고 할 때, 비능률 및 불필요한 생산이란 형태가 없다면 근로자의 절반 이상이 실직하게 된다는 것을 의미한다.

비능률의 첫번째 형태를 들어보기로 하자. 경쟁 때문에 낭비되는 측면에 대해선 우리가 이미 살펴보았지만 여기에 더 추가해야 할 것이 있다. 광고와 마켓팅에 투입되는 숙련도 높은 근로가 바로 그것이다.

국가주의는 또다른 종류의 낭비를 초래한다. 예를 들어 미국의 자동차 제조업자들은 미국 내에 거대한 시설을 하나 세워서 세계로

185

수출하는 모든 차를 생산할 경우 노동력을 확실하게 절감할 수 있지만 관세 장벽 때문에 유럽의 주요 나라들에 공장을 세우지 않을 수 없다.

다음으로 군비 및 병역 의무제가 실시되는 나라들의 모든 남성들이 겪게 되는 군사 훈련으로 인한 낭비가 있다. 또한 부자들의 사치를 비롯한 이런 저런 형태의 낭비 덕택에 인구의 절반 이상이 계속 일자리를 가질 수 있다. 따라서 우리의 현 제도가 지속되는 한, 낭비 제거를 지향하는 한 걸음 한 걸음은 임금 노동자들의 처지를 지금보다 훨씬 악화시킬 뿐이다.

3. 경제적 불안정

현재의 세계에선 다수의 사람들이 궁핍할 뿐 아니라 궁핍하지 않은 사람들도 대부분 언제 그렇게 될지 모른다는 두려움에 사로잡혀 있다. 그러한 우려는 지극히 당연한 현상이다.

임금 노동자들에겐 항시 실업의 위험이 존재한다. 봉급 생활자들은 자신의 회사가 도산할지도 모르며 직원을 줄일 수밖에 없는 상황이 언제 올지 모른다고 생각한다. 기업인들은 심지어 꽤 부자로 이름을 날리는 사람조차도 돈을 몽땅 잃는 것이 결코 있을 수 없는 일이 아니라는 것을 알고 있다.

전문직에 종사하는 사람들도 악전 고투하고 있다. 아들 딸들의 교육을 위해 큰 희생을 치르고 나서 보니, 자식들이 습득한 기능을 위한 등용문이 예전만큼 넓지 않다. 법률가들의 경우, 심각한 부정들이 여전히 고쳐지지 않고 있음에도 불구하고 이젠 사람들이 법을 찾아올 여유가 없다는 것을 알게 된다.

의사들의 경우, 예전에 돈벌이가 되어 주었던 우울증 환자들이 이젠 더 이상 아플 여유도 없게 된 한편, 진짜로 아픈 수많은 사람들은 돈이 많이 드는 병원 치료를 포기하고 살아야 한다는 것을 알게 된다. 대학 교육을 받은 남녀들이 궁핍을 덜어 보려고 가게 카운터에서 일하고 있는 광경도 자주 눈에 띄지만 그것도 예전에 그 자리에 있던 사람들을 희생시킨 데 불과하다.

최하층에서부터 최상층에 이르는 모든 계층에서 경제적 두려움이 사람들의 사고를 지배하고 밤에는 꿈까지 지배한다. 따라서 일할 땐 초조하고 여가를 즐길 땐 개운치가 않다. 이렇게 늘 공포에 시달리는 상태야말로 문명 세계의 넓은 지역을 휩쓸고 있는 광기 서린 분위기를 유발하는 주요인이라고 생각한다.

부에 대한 욕망은 대부분 안전에 대한 욕망에서 기인한다. 사람들은 자신이 늙고 쇠약해졌을 때를 대비하기 위해, 또는 자식들의 사회적 계급이 추락하는 것을 막을 수 있다는 희망으로 돈을 모으고 투자한다. 안전 투자 같은 것들이 존재했던 과거에는 이러한 희망은 합리적인 것이었다.

그러나 이제 안전성이란 획득할 수 없는 것이 되어버렸다. 대기업들이 무너지고, 정부가 파산하고, 지금까지 용케 버텨온 것들이 있다 해도 다음 번 전쟁 때 모두 쓸려가 버릴 가능성이 높다. 결국 바보들의 천국에 계속 살고 싶어 하는 사람들을 제외하곤 모두들 불행하게도 될 대로 되라는 심리 상태에 놓이게 됨으로써 가능한 치료책을 합리적으로 고려해 보는 일을 대단히 어렵게 만든다.

경제적 안정은 문명 사회의 행복을 증대시키는 데 있어 전쟁 방지책 다음으로 중요한 역할을 할 것이다. 모든 건강한 성인들에

게 일—사회적으로 필요한 한도 내의 일— 은 법적 의무로 주어져야
하지만 그들의 수입은 일하고자 하는 자발적인 의사에 따라 결정되
어야 한다. 따라서 어떤 이유로 그들의 봉사가 일시적으로 불필요
해진다고 해서 임금 지급을 중단해선 안 된다.

예를 들어 의사의 경우, 일정한 나이 이후론 일할 수 없을 것으
로 예상되더라도 죽을 때까지 계속 일정한 봉급을 받을 수 있어야
한다. 자식들을 충분히 교육시킬 수 있다는 확신을 가질 수 있도록
해야 한다. 만일 모든 개업의들의 직접적인 의료 봉사가 더 이상 필
요하지 않을 정도로 사회 보건이 크게 개선되었다면 의학 연구나
공중 위생 기준 심사, 보다 적절한 식단의 홍보 등의 작업에 의사들
을 고용하면 된다. 그러한 제도하에선 현상태에서 탁월한 성공을
거두고 있는 소수 의사들의 입장에선 오히려 보수가 줄어들겠지만,
의료인들 절대 다수가 지금 상태보단 행복해질 것이라는 데 대해선
의심할 여지가 없다.

특별나게 큰 부자가 되겠다는 욕망이 근로 의지를 자극하는 필
수 조건은 결코 아니다. 지금 대부분의 사람들은 부자가 되기 위해
서가 아니라 기아를 면하기 위해 일하고 있다. 다른 우체부들보다
부자가 되길 기대하는 우체부는 별로 없으며, 병사나 수병이 한 재
산을 챙기겠다는 생각으로 국가에 봉사하고 있는 건 아니다.

물론 재산을 크게 일구는 것을 첫번째 동기로 갖고 있는 사람
들—흔히 남다른 에너지와 관록의 소유자들인 경우가 많다—도 있
다. 그 가운데 어떤 이는 좋은 일을 하고 어떤 이는 해를 끼친다. 유
용한 것을 창안하거나 채택하는 이들도 있고, 주식 거래를 조작하
거나 정치인들을 부패시키는 이들도 있다.

그러나 대체로 그들이 원하는 건 성공이며 돈은 그것의 상징일 뿐이다. 만일 성공이 다른 형태―이를 테면 명예나 주요 행정직 같은―를 통해서만 얻어지게 되어 있는 사회라 해도 역시 성공이라는 적절한 인센티브가 여전히 존재할 것이므로 그들은 사회에 이익을 주는 일을 하는 것이 지금 자신들이 하는 일보다 더 필요하다는 것을 깨닫게 될 것이다.

성공에 대한 욕망과는 달리 부에 대한 욕망 그 자체는 폭음 폭식하고픈 욕구와 마찬가지로 사회에 유용한 동기가 아니다. 그러므로 이러한 욕구에 출구를 주지 않아도 사회는 아무 이상 없다. 또한 경제적 불안정을 종식시킨 체제는 현대 생활의 광기를 거의 대부분 제거해 버린 상태일 것이다.

4. 일하지 않는 부자들

임금 노동자들의 실업이 주는 해악에 대해선 일반적으로 잘 알려져 있다. 본인들의 고통, 사회의 노동력 손실, 일자리를 찾지 못하는 데서 오는 사기 저하 등등. 너무도 잘 아는 얘기들이어서 더 이상 상술할 필요도 없다.

부자들의 실업은 또다른 종류의 해악이다. 세상엔 놀고 먹는 사람들로 가득하다. 대개는 여자들인데 그들은 별 교육을 받지 않았지만 돈은 많아서 자만심이 강하다. 또한 돈이 많기 때문에 자신들의 안락을 위해 타인들의 노동력을 바치게 만들 수 있다. 스스로의 진정한 문화 따윈 거의 없지만 그들은 예술―조악하지 않고선 그들을 즐겁게 해주기 힘들겠지만―의 주요 후원자 역할을 자처한다. 그러나 자신은 아무데도 쓸모없다는 사실이 그들을 비현실적인 감상주의로 만들기 때문에 활기찬 성실성을 싫어하게 되고 따라서 문화에 개탄스러운 영향력을 행사한다.

특히 미국의 경우, 돈을 버는 남자들은 대개 그것을 쓸 시간도 없을 만큼 바쁘기 때문에 부를 키워가는 기술이 있는 남편을 두었다는 것외엔 존경 받을 아무 자격도 없는 여자들에 의해 문화가 크게 좌우되고 있다. 예술하기엔 사회주의보다 자본주의가 더 유리하다고 주장하는 이들도 있지만 그것은 과거의 귀족 정치만 생각했지 현재의 금권 정치는 생각지 못하고 하는 얘기다.

노는 부자들의 존재는 그밖에도 여러 가지 불행한 결과들을 낳는다. 현대의 주요 산업은 작은 기업 여러 개보단 큰 기업 몇 개를 지향하는 경향을 보이고 있지만 이러한 추세에서 벗어난 경우들도 여전히 많다. 런던에 있는 불필요한 작은 가게들을 한 번 생각해 보라. 부잣집 여자들이 쇼핑하는 지역을 가보면 모자 가게가 수도 없이 많다. 주로 러시아 백작 부인들이 지키고 앉아 있는 이 가게들은 저마다 다른 가게들보다 좀더 고상한 척한다. 그들의 고객들은 이가게 저 가게 옮겨다니며 몇 분이면 살 것을 수시간씩 낭비한다. 가게들에서 일하는 사람들의 노동력과 거기서 물건을 사는 사람들의 시간, 모두가 낭비되고 있다.

보다 심각한 해악은 다수 사람들의 생계가 무익한 것에 묶여지게 된다는 것이다. 부자들의 소비는 그에 기생하는 인구들을 다수 양산하게 된다. 그들 자신은 부와 멀리 떨어져 있음에도 불구하고 자신들의 상품을 사주는 게으른 부자들이 없으면 자신들이 망하지나 않을까 두려워한다. 어리석은 사람들의 힘을 떨쳐내지 못하고 그에 의존해 삶으로써 그들은 도덕적으로, 지적으로, 예술적으로 고통받는다.

5. 교육

현재의 고등 교육은 물론 다 그렇다는 것은 아니지만 대부분 잘사는 집 아이들에 국한되어 있다. 노동자 계층의 자녀들이 장학금을 받고 대학까지 가는 경우도 가끔 있긴 하지만 그 과정에서 너무 열심히 노력한 나머지 지쳐 버려서 초기에 기대되던 가능성을 이루지 못하는 경우가 태반이다.

우리의 현 체제는 엄청난 능력의 낭비를 낳게 되어 있다. 노동자 부모에게서 수학이나 음악이나 과학에 뛰어난 능력을 가진 아이가 태어날 수도 있지만 그 아이들에겐 그러한 재능을 발휘할 기회가 주어지지 않는다. 게다가 교육은 적어도 영국의 경우 점점 더 속물화되어가고 있다. 사립 초등학교 아이들은 학교 생활의 매 순간마다 계급 의식을 흡수하게 된다.

또한 주로 국가에 의해 관리되기 때문에 '현상'을 옹호하지 않을 수 없고 따라서 젊은이들의 비판 능력을 둔화시키고 '위험한 사상'으로부터 격리시키려 최대한 애쓰게 된다. 이것은 불안정한 체제에선 어디서나 불가피한 현상이므로 러시아의 상황이 영국이나 미국보다 더 나쁘다고 인정하지 않을 수 없다.

그러나 사회주의 체제는 조만간 비판을 두려워하지 않을 만큼 충분히 안정될 가능성이 높지만 자본주의 체제에서는 노동자들에게 전혀 교육을 시키지 않는 노예 국가가 세워진다면 모를까, 안정이 확보될 가능성이 현재로선 거의 없다. 따라서 경제 제도가 바뀌지 않는 한, 현 교육 제도의 결함이 치료될 것이라고 기대하긴 힘들다.

6. 여성 해방과 아동 복지

최근 들어 여성의 지위 향상을 위한 노력들이 이루어지고 있음에도 불구하고, 아내들의 대다수가 여전히 경제적으로 남편에게 의존해 있다. 이러한 종속은 임금 노동자가 고용주에게 종속되어 있는 것보다 여러 가지 면에서 훨씬 더 나쁜 것이다.

고용인은 직장을 버리고 나오면 그만이지만 아내들은 그렇지 못하다. 게다가 아내는 가정에서 아무리 열심히 일해도 임금을 요구할 수 없다. 이러한 상황이 계속되는 한, 아내들은 남자들과 경제적으로 동등해질 수 없을 것이다.

사회주의의 확립을 통하지 않고 이 문제의 해결책을 찾아내긴 힘들다. 아이들에 드는 비용을 남편이 아닌 국가가 부담하고, 기혼 여성은 수유기와 산후 조리 기간 외엔 가정 밖에서 일해서 생계비를 벌어올 수 있게 되어야 한다. 이렇게 되기 위해선 일정한 건축상의 개혁(앞에서 이미 다룬 바 있다)과 유아 보육 시설의 설치가 반드시 필요하다.

그렇게 되면 어머니들뿐 아니라 아이들도 큰 혜택을 보게 될 것이다. 아이들에겐 공간과 햇빛과 적절한 식사를 갖춘 환경이 꼭 필요하다. 이것은 임금 노동자의 가정에선 불가능하지만 보육원에선 저렴한 비용으로 제공될 수 있기 때문이다.

아내들의 지위와 육아에 있어서의 이러한 개혁은 굳이 완결된 사회주의가 아니라도 가능하다. 현재도 소규모로 불완전하게나마 실행해 보려는 움직임들이 여기저기서 일고 있긴 하다. 그러나 이 개혁 역시 총체적인 경제 변화의 일부로서 진행되지 않는 한 충분하고 완결되게 실행될 수 없다.

7. 예술

사회주의가 도입되었을 때 건축 부문에서 예견되는 발전에 대해선 이미 설명한 바 있다. 미술은 과거 널따란 건축물에 곁들여져 장식되어 왔는데, 이웃에 대한 경쟁에서 생겨난 우리의 비열한 프라이버시가 공동의 아름다움을 위한 바람에 자리를 내주기만 한다면 미술은 또 한번 그렇게 해줄 것이다.

영화라는 현대 예술은 무궁 무진한 가능성들로 가득 차 있는데도 제작자들의 동기는 오로지 상업적이다. 실제로 소련은 그러한 가능성에 가까워졌다는 것이 많은 사람들의 견해다.

상업적 동기 때문에 문학이 얼마나 고통받고 있는가는 작가라면 누구나 아는 사실이다. 강직한 작품들은 일부 집단을 화나게 만들기 일쑤고 그 결과 판매가 부진해진다. 작가가 자신이 받는 인세로 자신의 진가를 평가하지 않기란 힘든 일이며, 게다가 조악한 작품이 엄청난 금전적 성공을 거두고 있는 현실에서 가난하게 살면서 좋은 작품을 내기란 남다르게 굳건한 성격의 소유자가 아닌 한 불가능한 일이다.

사회주의가 문제를 더 악화시킬 '수도 있다'는 건 인정한다. 국가가 출판을 독점할 것이므로 편협한 검열이 행해지기도 더 쉬울 것이다. 새 체제를 격렬하게 반대하는 세력이 존재하는 동안 그러한 검열은 거의 불가피할 것이다.

그러나 일단 이행 기간이 지나고 나면 국가가 그 진가를 인정하고 싶지 않은 책들도 출판될 수 있을 것이다. 저자가 시간외 근무를 해서라도 비용을 댈 가치가 있는 책이라고 생각한다면 말이다. 그 사회에서는 초과 근무 시간이 짧을 것이므로 과도한 고생을 하게 되진 않겠지만, 어쨌거나 저자가 자신의 책에 귀중한 것이 들어 있다고 확신하지 못하는 경우라면 그를 설득해 단념시키는 것으로 족할 것이다. 중요한 것은 책 출판이 '가능해야' 한다는 것이지 그 과정이 아주 수월해야 한다는 것은 아니다. 현재의 책들은 질이 떨어지는 만큼 양은 초과해 있다.

8. 무익한 공공 서비스

개화된 통치가 시작된 이래로 이윤 동기의 무계획한 운용에 맡겨둘 것이 아니라 정부가 뭔가 해야 한다는 인식이 언제나 존재해 왔다. 그러한 정부의 일 가운데 가장 중요한 것이 전쟁이었다. 정부 사업의 비능률성을 가장 잘 이해하는 사람들조차도 국가 방위를 민간 청부업자들에게 맡겨야 한다는 얘긴 꺼내지 않는다. 또한 도로, 항만, 등대, 도심 공원 조성 등등, 공공 기관이 맡아야만 할 일들이 많다.

사회를 위한 활동 가운데 매우 큰 비중을 차지하면서 지난 백 년 동안 꾸준히 성장해 온 부문은 공중 보건 분야이다. 처음엔 '자유방임주의'의 열광적인 신봉자들이 반대하고 나섰지만 실리적인 주장들이 득세했다. 만일 이 분야에서 끝까지 사기업론을 고수했더라면 재산을 모을 온갖 새로운 방법들이 다 생겨났을 것이다. 전염병을 앓는 사람이 있다면 그는 아마 광고 대리업자를 찾아갈 것이고 업자는 철도 회사나 극장 등에 협박장을 돌릴 것이다. 이 남자의 미망인에게 거액을 지불하지 않으면 이 남자는 당신네 건물 안에서 죽을 생각을 하고 있다고 써서 말이다. 그러나 다행히도 검역과 격리는 개인의 자발적인 노력에만 맡겨둬선 안 된다는 결론이 내려졌다. 혜택은 전체에게 돌아가고 손실은 개인에 그치기 때문이다.

공공 서비스의 수와 복잡성의 증대는 지난 세기의 대표적인 특징의 하나였다. 그 가운데 가장 거대해진 것이 교육이다. 국가가 교육을 보편적으로 시행하기 전에는 학교나 대학들이 존재하는 동기도 여러 가지였다. 중세부터 내려오는 종교 재단들도 있었고, 르네상스 시절 세몽 군주들이 설립한 '콜레쥐 드 프랑스'와 같은 비종교 재단들도 있었다. 또한 빈민들에게 혜택을 주기 위한 자선 학교들도 있었다. 이러한 단체들은 영리를 목적으로 하진 않았다.

그러나 한편에선 이익을 위해 운영되는 학교들도 있었다. 도테보이스 힐과 살렘 하우스를 예로 들 수 있다. 지금까지도 존재하는 그러한 학교들은 교육 당국 때문에 도테보이스 힐처럼 하진 못해도 높은 수준의 학문적 성취보다는 명문 학교란 간판에 의존하는 경향이 있다. 전반적으로 볼 때 이윤 동기가 교육에 영향력을 발휘한 일은 드물었고 그런 경우가 있다 해도 크게 심각하진 않았다.

공공 기관이 직접 일을 수행하진 않는다 해도 관리는 필요하다. 가로등 설치를 사기업이 할 수도 있겠지만 그것은 이익이 있든 없든 해야 하는 일이다. 주택을 개인 업체가 지을 순 있겠지만 건물 관리는 법에 의해 이루어진다. 이 경우 보다 엄격한 규제가 요구된다는 것이 일반적인 인식이다.

대화재 이후 크리스토퍼 렌 경이 런던에서 추진했던 것과 같은 도시 일원화 계획으로 빈민가와 교외 지역의 추악함과 불결함을 제거하여 현대 도시들을 아름답고 쾌적하게 만들 수도 있을 것이다. 이 경우야말로 고도의 유동성을 지닌 현대에서 사기업 제도는 적당하지 않다는 주장을 입증해 주는 일례이다. 한 단위로 묶어야 할 지역이 대단히 광대하기 때문에 제아무리 대단한 부호라 해도 그 작업을 처리하기 어렵다.

런던의 경우, 거주 인구의 많은 부분이 한 구역에서 잠자고 또 다른 구역에서 일하기 때문에 하나로 묶어 생각해야 한다. 성 로렌스 수로와 같은 중요한 문제들에는 상이한 두 지역에 걸쳐 있는 막대한 이해 관계가 연루되어 있다. 이런 경우엔 단일 정부라 해도 원만하게 처리하기 힘들다.

인구, 상품, 동력 모든 것이 예전보다 훨씬 수월하게 수송되기 때문에 말이 가장 빠른 운송 형태였던 시절에 비해 소규모 지방들의 자급자족도가 낮아졌다. 발전소는 대단한 중요성을 지니기 때문에 만일 개인 업자의 손에 맡겨진다면 중세적 귀족이 자기 성에서 휘두르던 횡포에 버금가는 새로운 형태의 횡포가 생겨날 것이다. 어떤 지역이 어느 한 발전소에 의존해 있는데 그것의 독점에서 나오는 이익을 자유로이 추구하도록 방치된다면 그 지역은 안정된 경제 발전을 보장받을 수 없다.

상품의 이동은 여전히 철도에 많이 의존해 있고, 사람의 이동은 아직까지 부분적이긴 하지만 도로를 이용하는 쪽으로 복귀하고 있다. 철도와 자동차는 읍구의 구분을 무용하게 만들었고 항공기는 국경을 쓸모없게 만들고 있다. 이런 식으로, 과학이 진보함에 따라 공간은 점점 확대되고 정부의 관리 범위도 점점 더 넓어지게 될 것이다.

9. 전쟁

이제 마지막으로 사회주의를 위한 가장 강력한 논거에 다다른 듯하다. 바로 전쟁 방지의 필요성이다. 전쟁 가능성이나 그것의 해악에 대해선 당연시하고 있기 때문에 여기서 그 얘기로 시간을 낭비하고 싫진 않다.

나는 두 가지 문제로 좁혀 얘기하고자 한다. 즉, 이 시점에서 자본주의와 연계된 전쟁의 위험성은 어느 정도인가? 또 사회주의의 확립으로 그 위험성은 얼마나 제거될 수 있을 것인가?

전쟁은 매우 오래된 관습으로 비록 그 원인은 언제나 주로 경제 문제였지만 자본주의에 의해 처음 도입되어진 것은 아니다. 과거의 전쟁들은 주로 두 가지 근원에서 비롯되었다. 군주의 개인적 야망이 그 하나이고, 힘있는 부족 혹은 국가의 모험심 확장이 나머지 하나이다.

'7년 전쟁'에서는 이 두 가지를 동시에 볼 수 있다. 유럽에서의 충돌은 왕조간 충돌인 반면 미국과 인도에서의 충돌은 민족간 충돌이었다. 로마인들의 정복은 주로 장군들과 로마 군단의 사사로운 재정적 동기와 직결되었다. 아랍족, 훈족, 몽고족 같은 목축 민족들은 기존의 목축지로는 충분치 않았던 까닭에 거듭 정복의 길로 나서야 했다.

어느 시대에나 승리를 확신하는 강건한 사내들은 전쟁을 즐기고 여자들은 그들의 무용을 예찬하는 분위기가 전쟁을 조장해 왔다. 그러는 사이 전쟁은 최초의 기원에서 많이 멀어졌지만 전쟁이 없어지기를 원하는 사람들은 앞서 말한 고대적 동기들이 여전히 존재하고 있다는 사실을 반드시 기억해야 한다. 전쟁을 막는 '완결된' 안전 장치는 오직 국제 사회주의를 통해서만 주어질 수 있다. 그러나 현재 주요 문명국들에서 나타나는 국가 사회주의는 그 가능성을 엄청나게 감소시키고 있다.

전쟁에 대한 모험적 충동이 문명국 국민들의 일각에 여전히 남아 있긴 하지만 평화에의 갈망으로 이어지는 동기들은 지난 몇 세기를 통틀어 그 어느 때보다도 강하다. 지난번 전쟁이 승리자들에게조차도 번영을 가져다 주지 못했다는 것을 사람들은 쓰라린 경험을 통해 깨달았다.

사람들은 다음 전쟁이 그 규모와 강도에 있어 '30년 전쟁'이래 그 어느 전쟁과도 비교할 수 없을 정도로 큰 인명 손실을 불러오리라는 것을 알고 있다. 또한 그러한 피해가 결코 어느 한편에만 국한되지 않으리란 것, 따라서 주요 도시들이 파괴되고 대륙 전체가 문명을 상실하지나 않을까 우려하고 있다.

특히 영국인들은 자신들이 가지고 있던 침략에 대한 해묵은 면역성마저 상실했음을 잘 알고 있다. 이런 여러 가지 사실들로 인해 대영 제국에서 열정적인 평화에 대한 갈망이 일었고 강도는 다소 덜하겠지만 다른 나라도 이에 못지않았다.

그러나 이 모든 분위기에도 불구하고 어째서 급박한 전쟁 위험이 여전히 존재하는 것일까? 그 원인에 가장 근접한 것은 말할 것도 없이 독일 내 호전적 민족주의의 성장을 낳은 베르사이유 조약의 가혹함이다. 하지만 새로운 전쟁이 터진다면 아마도 1919년 조약보다 훨씬 더 가혹한 조약을 낳을 수밖에 없을 것이고 따라서 피정복자측의 더욱 거센 반동으로 이어질 것이다.

이처럼 끝없는 시소 게임에서는 영구적 평화란 결코 올 수 없다. 평화는 국가간 적대감의 근원을 뿌리 뽑는 데서 가능하다. 오늘날 그러한 원인들은 주로 특정 파벌들의 경제적 이해에 얽혀 있기 때문에 결국 근본적 경제 재건을 통해서만 제거될 수 있다.

철강 산업은 경제적 요인이 어떤 식으로 전쟁을 조장하는지 가장 두드러지게 보여준다. 현대의 기술 발전으로 인해 생산량이 적을 때보다 대량 생산할 때 톤 당 생산가가 더 낮아진다. 따라서 충분하게 큰 시장을 확보하면 수익이 남지만 그렇지 못할 때는 수익이 없다.

다른 모든 시장들을 능가하는 홈마켓을 가진 미국 철강업의 경우에는 해군 군비 감축 계획을 막기 위해 개입하는 정도 외엔 지금까진 정치와 티격태격할 필요가 없었다. 그러나 독일, 프랑스, 영국의 철강 산업들은 자신의 기술 수준에 못미치는 작은 규모의 시장을 가지고 있다. 물론 합병 형태를 통해 일정한 이익을 확보할 수도 있겠지만 여기에도 역시 만만찮은 경제적 장애들이 존재한다.

철강 수요는 주로 전쟁 준비와 연관되어 있기 때문에 전반적으로 볼 때 철강 산업은 국가주의와 군비 확대로부터 이익을 얻는다. 게다가 프랑스의 코미테 데 포르쥐나 독일 철강 트러스트는 양자 모두 경쟁자들과 이익을 나눠 먹느니 차라리 전쟁을 통해 경쟁자들을 분쇄하는 쪽을 택한다. 전쟁 비용은 주로 상대측에 넘겨질 것이므로 전쟁 결과는 재정상으로도 자신들에게 유리할 것이란 계산이다. 잘못 생각한 것일 수도 있겠지만 그러한 실수는 권력에 도취된 대담하고 자신만만한 사람들에겐 자연스러운 일이다.

절대적으로 중요한 로렌느 원광이 과거 독일 땅이었다가 지금은 프랑스 땅이 됐다는 사실이 두 집단의 적대적 감정을 증대시키면서 전쟁으로 얻을 수 있는 것을 끊임없이 상기시키는 역할을 한다. 프랑스인들은 이미 지난번 전쟁의 전리품을 즐기고 있는 중이기 때문에 자연히 독일인들이 좀더 공격적으로 나온다.

철강이나 기타 그와 유사한 이해 관계를 가진 산업들이 대중 호소를 통해 전쟁 충동을 일으키지 않고는 국가로 하여금 자신들의 목적에 따라와 주도록 만들기란 물론 불가능하다. 프랑스와 영국은 공포감에 호소하고 독일은 (베르사이유 조약의) 불공평성에 대한 분노에 호소할 것이다. 양측에겐 이러한 동기들이 지극히 타당해 보인다.

그러나 양측이 차분하게 생각해 본다면 공정한 협약이야말로 모두를 행복하게 만든다는 것을 금방 알 수 있을 것이다. 독일인들이 계속 불공평함을 겪어야 할 이유도 없을 뿐더러 그 불공평한 요소들이 제거되어진다면 그들이 이웃 나라들을 불안하게 만들 이유도 없을 것이다. 그러나 차분하고 합리적으로 해보려 할 때마다 여지없이 선전이 끼어들어 애국심과 국가의 명예를 들먹인다.

세계는 지금, 술버릇을 고치려 애쓰고 있지만 연신 술을 권하는 친절한 친구들에 둘러싸여 번번히 옛 습관으로 되돌아가고 마는 술꾼과도 같은 상태에 있다. 이 경우, 그 친절한 친구들은 그의 불행한 주벽으로 인해 득을 보는 자들이므로 그가 술버릇을 고치기 위해선 먼저 그 사람들부터 제거해야만 한다.

현대 자본주의를 전쟁의 원인으로 보는 이유는 바로 이 때문이다. 그것이 원인의 전부란 뜻이 아니라 다른 원인들을 근본적으로 자극하는 기능을 한다는 뜻이다. 따라서 근본적인 원인이 사라지게 되면 그러한 자극도 사라질 것이다. 사람들로 하여금 전쟁의 불합리성을 깨닫게 만들 것이고 미래의 전쟁 발발 가능성을 없앨 만한 공정한 협약에 착수하게 만들 것이다.

철강 산업과 기타 유사한 이해관계를 가진 산업들이 제기하는 이러한 문제에 대한 최종적인 해결 방안은 오직 국제 사회주의에서만 찾아질 수 있다. 다시 말해, 모든 관계 정부들을 대표하는 공공 사업 기관에서 이들 산업을 운영하게 하는 것이다.

그러나 주요 산업국들 각자가 국유화를 채택하는 것만으로도 절박한 전쟁 위험을 충분히 제거할 수 있을 것이다. 철강 산업 경영권이 정부의 수중에 들어가고 그 정부가 민주적이라면 그 산업의 이익만을 위해서가 아니라 국가 전체의 이익을 염두에 두고 운영할 것이기 때문이다.

국가 재정 대차대조표 상으로 봐도 사회의 다른 부문들을 희생시켜 철강 산업에서 이익을 내봤자 다른 곳의 손실을 벌충하는 데다 쓰여질 것이고, 개인의 임금이 한 산업의 손익에 따라 동요하는 체제도 아니므로 공공 비용을 들여 철강의 이익을 밀어줄 이유는 어디에도 없을 것이다.

오히려 군비 확장으로 철강 생산이 늘어나는 것도 손실로 생각될 것이다. 그로 인해 국민에게 분배되는 소비재의 공급이 줄어들 것이기 때문이다. 이런 식으로 공공 이익과 사적인 이익이 균형을 이루어 나갈 것이고 그렇게 되면 기만적인 선전을 할 필요도 없을 것이다.

사회주의가 우리가 주시해 오고 있는 기타 해악들을 어떤 방식으로 고쳐나갈 것인가에 대해서도 언급하지 않을 수 없다. 이윤 추구가 산업의 주요 동기로 기능하는 현상은 사라지고 대신 정부 주도의 계획이 들어서게 될 것이다. 정부가 오판하는 경우도 '있을 수' 있겠지만 사적인 개인보단 실수할 가능성이 적다. 개인보다 훨씬 풍부한 지식을 소유하게 될 것이기 때문이다.

고무 값이 올라가자 너나없이 고무 나무를 심고 그 결과 몇 년 후에는 값이 폭락하는 것을 보면서 모두들 고무 생산을 제한하는 협약의 필요성을 깨닫게 된다. 중앙 당국은 모든 통계 자료를 보유하고 있으므로 이런 류의 계산 착오를 미연에 방지할 수 있다.

그럼에도 불구하고 새로운 발명품과 같은 예측 불가능한 원인들이 등장하면 제아무리 면밀한 평가서라도 실패로 돌아갈 수 있다. 그런 경우 정부가 신공정으로의 이행을 완만하게 진행시킴으로써 전체적으로 이익을 보게 할 수 있다.

또한 당장의 실업자에 대해서 사회주의 체제에서는 실업에의 공포 및 고용주와 종업원 간의 상호 불신으로 인해 현사회에서는 이루어질 수 없는 조치들을 취할 수 있다. 한 업종이 사양길로 들어서고 새로운 사업이 성장할 때는 사양 산업의 젊은이들을 훈련시켜 성장 산업 쪽으로 투입시킬 수도 있다.

또한 실업의 대부분을 노동 시간을 단축시킴으로써 미연에 막을 수도 있을 것이다. 일자리를 찾지 못했다 하더라도 임금 전액을 받을 수 있다. 사회주의에서 임금은 일하려는 '의지'에 대한 보상이기 때문이다. 혹시 강제로 일을 하게 된다면 그것은 형사법에 의한 강제이지 경제적 제재로 인한 강제는 아닐 것이다.

물질적 안락과 여가 사이의 균형을 맞추는 일은 입안자들에게 맡겨질 것이므로 결국 국민 투표에 의해 결정되는 셈이다. 만일 모든 사람이 하루 4시간씩 일한다면 5시간씩 일할 때보다 물질적 안락은 줄어들 것이다. 그러나 기술의 발전을 잘 활용하면 보다 큰 풍요와 보다 많은 여가를 동시에 추구할 수 있을 것이다.

범죄자가 아닌 한 모든 사람이 봉급을 받게 될 것이고 육아 비용을 국가가 부담하므로 경제적 불안은 더 이상 존재하지 않을 것이다(전쟁 위험이 변함없이 존재하는 경우가 아니라면). 아내들이 남편에 의존하는 일도 없을 것이고 부모의 부족함 때문에 아이들이 심각하게 고통받는 경우도 방치되지 않을 것이다. 모든 사람이 국가에 의지해 살 뿐, 한 개인이 다른 개인에게 경제적으로 의존하는 상황은 사라질 것이다.

그러나 몇몇 문명국만 사회주의로 되고 다른 나라들은 그렇지 못할 경우 전쟁 가능성이 여전히 존재하게 되므로 사회주의 제도의 이점이 충분하게 실현되기 힘들 것이다. 하지만 사회주의를 채택한 나라들은 공격적인 군사주의를 버리고 공격을 방지하는 데에만 진심으로 주력하게 될 것이다. 따라서 전 문명 세계에서 사회주의가 보편화된다면 대규모 전쟁을 일으키는 동기들이 평화를 택해야 할 너무도 자명한 이유들을 꺾을 만큼 세력을 확보하지 못할 것이다.

반복하건대, 사회주의는 무산 계급만을 위한 신조가 아니다. 사회주의가 경제 불안을 방지하게 되면 극소수 최상층을 제외한 모든 사람들의 행복이 증대될 것이다. 그리고 사회주의가 대규모 전쟁을 방지할 수 있다면 세계 전체의 복지가 무한히 증대될 것이라고 확신한다. 왜냐하면 새로운 대전을 일으키면 이익을 볼 수 있다는 특정 산업의 믿음을 그럴 듯하게 보이게 만드는 경제적 논거가 있다 하더라도 결국 과대망상증 환자들의 정신 나간 망상에 불과하기 때문이다.

이처럼 모두에게 이해하기 쉬우며 보편적 이익을 주는 제도, 더욱이 현 경제 체제의 필연적인 붕괴와 전쟁으로 인한 총체적 재난의 절박한 위험에 대비해 추천되어진 사회주의라는 제도가 프롤레타리아 및 소수 지식인들을 제외한 사람들에겐 설득력 있게 제시될 수 없으며 수상쩍고 파괴적인 유혈의 계급 전쟁을 통해서만 가능하다는 공산주의자들의 주장은 사실일까? 나로선 믿기 어려운 얘기다. 사회주의가 옛 관습들과 맞지 않는 면들도 있기 때문에 일시적인 반대를 야기할 순 있겠지만 이는 점차적으로 극복될 수 있는 문제다.

사회주의에 반대하는 사람들은 사회주의하면 무신론이나 공포정치를 연상하는 수가 많다. 그러나 종교에 관한 한 사회주의는 아무 할 일도 없다. 사회주의는 경제의 원리여서 사회주의자는 기독교든, 회교든, 불교든, 브라만 숭배든, 어떤 것을 믿더라도 사회주의와 논리적 모순을 느낄 필요가 없다.

공포 정치로 말하자면, 오히려 최근들어 주로 반동 세력측에서 많은 공포 정치가 발생해 왔다. 사회주의가 그러한 세력에 맞서 봉기한 곳에서는 혹시 사회주의가 구체제의 사나움을 그대로 물려받는 것이 아니냐는 우려가 나올 수도 있다. 그러나 사상의 자유와 언론의 자유가 아직 어느 정도 허용되는 나라라면, 그리고 사회주의자가 열의와 끈기를 다한다면, 인구의 과반수 이상을 설득할 수 있을 것이라고 믿는다.

만일 그때 소수가 비합법적 무력으로 나온다면 다수는 당연히 무력을 사용해 반항자들을 진압해야 할 것이지만 그전에 충분한 설득 작업이 선행되었다면 반란이 성공할 가망은 거의 없을 것이므로 극렬한 반동주의자라 해도 반란을 시도하진 않을 것이다. 혹시 반란을 일으킨다 해도 쉽게 진압되어질 것이므로 공포 정치를 펼 이유가 없다.

설득이 가능하고 아직 다수가 설득되지 않았는데도 무력에 호소하는 것은 적절지 못하다. 다수가 설득되어졌을 땐 민주 정부의 통상적인 운용에 맡길 수 있다. 무법자들이 폭동을 일으킬 것이라고 판단되지 않는 한. 그러나 그러한 폭동을 진압하는 것은 여느 정부라도 취할 수 있는 조치이고 민주 국가의 다른 입헌 정당들이 무력에 호소하지 않는 것처럼 사회주의자들도 더 이상 무력에 의존할 이유가 없다. 사회주의자들이 무력을 자유로이 사용하는 경우가 있다면 그것은 사전 설득을 거쳤을 때뿐이다.

사회주의는 한때나마 정치적 선전이라는 방법으로도 충분히 확보될 수 있었는데 이제는 파시즘의 성장으로 그것이 불가능해졌다는 주장이 일부에서 나오고 있다. 파시스트 정권이 들어선 나라의 경우라면 이 얘기는 물론 사실이다. 합법 야당이 존재할 수 없기 때문이다.

그러나 프랑스, 영국, 미국의 경우는 문제가 달라진다. 프랑스와 영국에는 강력한 사회당이 존재하고 있다. 영국과 미국의 공산주의자들은 숫적으로 아주 미미하며 그들이 세력을 넓히고 있다는 징후도 보이지 않는다. 그들은 반동 세력들에게 관대한 억압 조치의 구실을 제공하는 데 그쳤을 뿐이다. 그러나 미국의 경우 그러한 조치들이 노동당의 부활이나 진보주의의 성장을 가로막을 만큼 공포스러운 것은 아니었다.

영국에서 조만간 사회주의자들이 다수가 되는 것이 그리 가망 없는 일은 아니다. 그렇게 되었을 때 그들은 자신들의 정책을 실행에 옮기는 데 있어 분명히 난관에 직면하게 될 것이다. 그때 심약한 자들은 이러한 난관들을 실행을 연기할 구실로 삼으려 들 것이다. 그것은 분명히 잘못된 생각이다. 왜냐하면 설득 작업은 어쩔 수 없이 점진적으로 해야 하지만 사회주의로의 최종적인 이행 작업은 신속해야만 하기 때문이다.

그러나 합법적인 방법이 실패할 것이라고 가정할 만한 근거는 아직 충분하지 않으며 사회주의 아닌 다른 세력들이 성공을 향한 보다 유리한 기회를 맞고 있다고 볼 만한 근거는 더더욱 없다. 오히려 반대로, 비합법적 폭력에 호소하는 모든 행위는 파시즘의 성장을 도와 줄 뿐이다.

민주주의의 약점이 어떤 것이든, 사회주의가 영국이나 미국에서 성공하기를 희망할 수 있으려면 오직 민주주의에 의해, 또한 대중의 민주주의에 대한 믿음을 바탕으로 할 때만 가능하다. 고의든 아니든, 민주적 정부에 대한 존경심을 약화시키는 자는 사회주의도 공산주의도 아닌 파시즘의 가능성만을 높여 주고 있는 것이다.

서구의 문명을 어떻게 볼 것인가

Western Civilisation

자신이 속한 문명을 올바르게 바라본다는 것은 결코 쉬운 일이 아니다. 그러기 위해서는 세 가지의 확실한 수단이 있다. 바로 여행, 역사, 그리고 인류학이다. 그러나 객관성이라는 측면에서 볼 때, 이 셋 중 어느 하나도 생각만큼 그리 큰 도움이 되지 못한다. 여행자는 자기가 관심 있는 것만을 본다. 예를 들어 마르코 폴로는 중국여인들의 발이 작다는 것을 전혀 눈치채지 못했다.

역사가들은 자신들의 관심사에 따라 역사적 사건들을 정리한다. 이를테면 로마 몰락의 원인으로 제국주의, 기독교, 말라리아, 이혼, 이주민의 유입 등등의 여러 다양한 이유들이 제시되어 왔다. 이 중 이혼과 이주민의 유입은 각각 미국의 목사들과 정치인들이 선호하는 이유들이다.

인류학자는 그 시대의 지배적인 편견에 따라 사실들을 선정하고 해석한다. 늘 집에 박혀 있는 우리가 미개인에 대해 뭘 알겠는가? 루소주의자들은 그를 숭고하다고 하고 제국주의자들은 그를 잔인하다고 말한다. 종교적 성향을 가진 인류학자들은 그를 정숙하고 가정적인 사람이라고 하는 반면 이혼법 개혁 주창자들은 그가 자유 연애주의자라고 말한다. 제임스 프레이저 경은 그가 늘 자신의 신을 죽이고 있다고 하고, 다른 이들은 그가 종교입회 의식들로 늘 바쁘다고 말한다. 쉽게 말해 이 미개인은 인류학자들의 이론에 따라 무엇이든 되는 친절한 녀석이다.

그러나 이 같은 결점들에도 불구하고 여행과 역사와 인류학은 그래도 가장 좋은 수단이므로 우리는 그것들을 최대한 활용해야 한다.

우선 문명이란 무엇인가? 나는 문명의 제1의 본질적인 성격으로 '예견'을 꼽고 싶다. 이것이야말로 인간을 동물과 구분하고 어른을 아이와 구분하는 주요 기준이다. 그러나 예견은 정도의 문제이기 때문에 우리는 국가나 시대를 그들이 발휘하는 예견에 따라 많이 문명화되었다, 덜 되었다 따위로 구분할 수 있다. 그리고 예견은 거의 정확한 평가가 가능하다.

어떤 공동체의 평균적 예견은 이자율과 반비례한다고 말하고 싶지는 않다. 물론 그런 견해가 있을 수도 있지만. 다만, 어느 행위에 포함된 예견의 정도는 다음 세 가지 요소로 측정된다고 말할 수 있다. 현재의 고통, 미래의 쾌락, 그 둘 사이 시간의 길이. 다시 말해, 미래에 대한 예견은 현재의 고통을 미래의 쾌락으로 나눈 다음 거기에다 그 둘 사이의 시간을 곱해서 얻어진다.

개인적 예견과 집단적 예견에는 차이가 있다. 귀족 사회나 금권 사회에서는 현재의 고통을 참고 사는 사람이 있는가 하면 한편에서는 미래의 쾌락을 즐기는 사람도 있었다. 따라서 집단적 예견이 더 쉬울 수 있다. 이런 의미에서 산업주의적 특징을 가진 모든 작업들은 높은 수준의 집단적 예견을 보인다. 이를테면 철도나 항만, 선박을 만드는 사람들은 몇 년 후에나 수익을 거두게 될 일을 하고 있는 것이다.

현대 세계의 어느 누구도 고대 이집트인들이 시신 보존을 하면서 보여준 예견에는 따라가지 못한다. 1만여 년 후 시신의 소생을 목적으로 작업이 행해졌으니 말이다.

이것으로부터 나는 문명에 필수적인 또 하나의 요소를 생각하게 되는데 그것은 바로 '지식'이다. 미신에 기반을 둔 예견은 충분하게 문명화된 것으로 간주할 수 없다. 물론 그것이 진정한 문명의 성장에 없어서는 안 될 정신적 자세를 가져오는 측면은 있지만, 예를 들어 쾌락을 내세로 미루는 청교도의 자세는 말할 것도 없이 산업주의에 필요한 자본의 축적을 촉진시켰다. 그렇다면 우리는 문명을 '지식과 예견의 결합에서 나오는 생활 양식'이라고 정의할 수 있을 것이다.

이런 의미에서의 문명은 농경 및 반추 동물 길들이기로부터 시작된다. 농경 민족과 유목 민족의 첨예한 구별은 극히 최근까지도 존재했다. 창세기 31장 4절을 보면 이스라엘인들이 이집트 본토가 아닌 고센 땅(이스라엘 사람의 이집트 체재중의 거주지—역주)에 정착하게 됐던 내력이 나온다. 이집트인들이 목축업에 반대했기 때문이었다.

'그리고 요셉은 자신의 동포들과 아버지의 집에 대고 말했다, 내가 가서 파라오에게 보여주고 말하겠다, 가나안 땅에 있었던 내 동포들과 내 아버지의 집이 내게 와 있노라고; 그리고 그 사람들은 목동들이다, 가축을 키우는 것을 업으로 해왔기 때문이다; 그리고 그들은 양과 소를 데리고 왔고 가진 것은 그게 전부다. 그리고 그런 일이 생길 때 파라오가 너를 불러 말할 것이다. 너희들의 직업이 무엇이냐? 너는 이렇게 대답할 것이다, 소인들의 업은 우리가 어릴 때부터 지금까지도 가축과 관계된 일이었습니다, 우리도 그렇고 우리의 아버지들도 그랬습니다; 그렇다면 너희는 고센 땅에서 살아도 좋다; 이집트인들에겐 모든 목동들이 혐오의 대상이기 때문이다.'

헉 씨(M. Huc)의 여행기를 봐도 중국인들이 유목 민족인 몽고인을 대하는 태도에서 비슷한 점을 발견할 수 있다. 대체로 농경 형태가 언제나 고도의 문명을 대표해 왔고 종교와도 관계가 깊었다. 그러나 유대 종교에 상당한 영향을 미친 것은 족장들이 가진 소와 양떼였고 그 영향은 기독교까지 이어졌다. 카인과 아벨의 이야기는 농부보다 목동이 덕이 높다는 것을 보여주기 위한 선전의 하나다. 그럼에도 불구하고 문명은 현대에 들어서까지도 주로 농경에 기초해 있었다.

지금까지 우리는 서구 문명을 인도, 중국, 일본, 멕시코 등의 문명과 구분짓는 요소에 대해선 살펴보지 않았다. 사실 과학의 진보 이전에는 동서양의 차이가 그다지 두드러지지 않았다. 과학과 산업주의야말로 오늘날 서구 문명의 두드러진 특징이다. 그러나 여기서는 먼저 산업 혁명 이전의 우리 문명이 어떠했는가부터 고찰해 보자.

서구 문명의 기원으로 거슬러 올라가면 이집트와 바빌로니아에서 내려온 것은 대체로 모든 문명에나 다 있는 것으로서 특별히 서구적이라 할 만한 것은 아니었다.

뚜렷한 서구적 특징은 연역적 추론과 기하학이란 학문을 창안해 낸 그리스인들로부터 시작된다. 중세의 암흑 시대로 오면 그들의 다른 공적들은 뚜렷이 드러나지 않거나 소멸해 버린다. 그리스인들은 문학과 예술에서 최고 수준을 자랑한다고 볼 수 있지만 그밖의 고대 국가들과 아주 뚜렷하게 다르진 않았다. 그리스인들은 경험 과학 분야에서 몇몇 인물을 낳았는데 특히 근대적 방법을 예견한 아르키메데스가 두드러진다. 하지만 이들 학자들은 학파나 전통을 확립하진 못했다. 그리스인들이 문명에 대해 눈에 띄게 두드러진 공헌을 한 것이 있다면 그것은 바로 연역적 추론 및 순수 수학이었다.

그러나 그리스인들은 정치적으로는 무능했기 때문에 로마인들의 통치 능력이 없었더라면 그들의 문명에 대한 공헌은 아마도 묻혀 버렸을 것이다. 로마인들은 행정과 법전을 앞세워 거대한 제국을 통치하는 방법을 찾아냈다. 이전의 제국에서는 군주의 활동력에 모든 것이 달려 있었으나 로마제국에서는 황제가 근위병들 손에 살해될 수도 있었고, 통치 기관의 동요 없이 제국을 경매에 붙일 수도 있었다. 그리고 실제로 그 동요의 폭은 요즘 우리가 총선을 치를 때 수준이라고 볼 수 있다.

로마인들은 통치자 개인에 대한 충성보다는 국가라는 비인격체에 대한 헌신이란 덕목을 창안해 냈다. 과거 그리스인들도 애국심을 거론했던 것은 사실이지만 공직에 일정 기간 몸담은 사람들 대부분이 페르시아인들로부터 뇌물을 받았을 정도로 정치인들이 부패해 있었다. 국가에 대한 헌신이라는 로마인들의 개념은 서구에서 안정된 통치를 낳는 데 필수적인 요소가 되었다.

근대 이전의 서구 문명을 완성시키기 위해선 한 가지 더 필요한 것이 있다. 바로 통치권과 종교—기독교—간의 기묘한 관계였다. 기독교는 본래 매우 비정치적이었다. 왜냐하면 로마 제국에서 민족적, 개인적 자유를 잃은 사람들의 위안물로 등장하면서 오히려 세속의 지배자들에 대해 도덕적으로 비난하는 태도를 유대교로부터 물려받았기 때문이다.

콘스탄티누스 대제가 등극하기 몇 년 전부터 기독교는 국가에 대해 충성을 다짐하는 커다란 조직으로 발전했다. 로마가 패망하자 교회는 유대인, 그리스인, 로마인들의 문명에서 가장 중요하다고 생각되는 부분을 받아들여 자신들만의 독특한 통합체를 만들어 냈다.

유대인들의 도덕에 대한 열정으로부터 기독교의 윤리적 지침이 나왔고, 그리스인들의 연역적 추론에 대한 사랑으로부터 신학이 나왔으며, 로마의 제국주의와 법 체계를 모델로 교회의 중앙집권적 지배와 교회법 체계가 생겨났다.

높은 문명성을 지닌 이러한 요소들은 중세를 거치면서 보존되어진 측면도 있지만 오랜 세월 동안 대체로 잠복 상태로 남아 있었다. 그리고 사실, 서구 문명은 당시 존재했던 문명들 가운데 가장 우수하지도 못했다. 회교인들과 중국인들이 서구를 능가하고 있었다.

그런데 그러한 서구가 어떻게 해서 그처럼 급속한 상승로로 접어들게 되었는가 하는 문제는 아주 대단한 미스테리다. 우리 시대에선 모든 것을 경제적 이유에서 찾으려고 하는 습관이 있지만 그러한 설명들은 지나치게 안이한 경향이 있다. 예를 들어 스페인의 몰락을 경제적 이유만으로 설명할 순 없을 것이다. 그보다는 그들의 불관용과 우매함에 기인하는 부분이 더 크기 때문이다. 또한 경제적 이유는 과학의 진보에 대해서도 설명하지 못한다.

문명은 보다 우수한 외부 문명과 접촉하지 않는 한 쇠락하는 것이 일반적인 법칙이다. 자생적인 발전이 일어난 것은 인류 역사상 드문 몇몇 시기, 몇몇 지역에서나 볼 수 있을 뿐이다. 이집트와 바빌로니아에서 문자와 농경을 발전시킨 경우는 틀림없는 자생적 진보였던 것 같다. 그리스에서도 200여 년 정도 자생적 발전이 이루어졌다. 그리고 르네상스 이후 서부 유럽의 발전도 자생적이었다.

그러나 이러한 시기 및 지역에, 진보가 일어나지 않았던 다른 시기 및 지역과 구분지을 수 있는 어떤 일반적인 사회 조건이 존재했다고 보진 않는다.

결국 위대한 진보의 시대는 탁월한 능력을 지닌 소수의 사람들에게 달려 있었다고 결론짓지 않을 수 없다. 그런 사람들이 활약하는 데는 물론, 다양한 사회적·정치적 조건들이 '필수적'이었지만 그러나 '충분 조건'은 아니었다. 왜냐하면 그 사람들 없이도 그 조건들은 흔히 존재해 왔지만 진보는 일어나지 않았기 때문이다.

만일 케플러, 갈릴레오, 뉴턴이 어려서 죽었더라면 우리가 살고 있는 이 세계는 16세기와 크게 다르지 않았을 것이다. 이 점에서 '진보는 장담할 수 없는 것이다'라는 교훈을 이끌어 낼 수 있다. 뛰어난 개인들의 배출에 어쩌다 실패했더라면 의심의 여지없이 우리는 비잔틴 제국과도 같은 정체된 상황으로 빠져 버렸을 테니까.

우리가 중세에 빚지고 있는 대단히 중요한 것이 하나 있는데 그것은 바로 대의 정체(代議 政體)이다. 이것은 대제국의 통치를 피지배자들 스스로가 선택한 것처럼 보이게 만든 최초의 제도였다는 점에서 큰 의미가 있다. 이 같은 제도가 성공한 곳에서는 고도의 정치적 안정을 누렸다. 그러나 현대에 와서는 대의 정체가 지구상 모든 곳에 적용할 수 있는 만병 통치약은 아니라는 점이 분명해졌다. 실제로 그것이 성공한 곳은 주로 영어권 나라들과 프랑스에 한해서라고 볼 수 있다.

그럼에도 불구하고 이런저런 수단에 의한 정치적 응집력은 서구 문명을 다른 지역들의 문명과 구분하는 뚜렷한 특징이 되어 왔다. 이것은 주로 애국심에서 기인하는데 그 뿌리는 유대교의 선민 의식과 로마인의 국가에 대한 헌신에서 유래한다.

그후 애국심은 아르마다(스페인 무적 함대)에 대한 영국의 저항을 시작으로 매우 근대적인 성장을 해왔으며 셰익스피어에서 그 최초의 문학적 표현을 찾아볼 수 있다. 주로 애국심에 기초한 정치적 응집력은 종교 전쟁 이후로 서구에서 꾸준히 증대되어 왔고 현재까지도 급속하게 증대하고 있다.

이런 측면에서 일본은 뛰어나게 총명한 학생임이 입증되었다. 고대 일본에는 장미 전쟁 동안 영국에 들끓었던 사람들과 비슷한 거친 봉건 귀족들이 존재했다. 그러나 기독교 포교단을 싣고 일본에 간 선박들이 전해준 화기 및 화약의 도움으로 쇼군이 국내를 평정했다. 그리고 나서 1868년 이후로 일본 통치권은 교육과 전통 종교인 신도(神道)를 통해 서구 여느 나라에 못지않은 동질적이고 확고한 통일 국가를 낳는 데 성공했던 것이다.

근대 세계의 사회 응집력이 보다 높아지게 된 데는 전쟁 기술의 변화가 커다란 요인이 되었다. 화약의 발명 이래로 모든 전쟁 기술들은 대체로 통치력을 증대시키는 역할을 해왔다. 이 과정은 지금도 결코 끝나지 않았으며 다만 새로운 요인에 의해 좀더 복잡해졌을 뿐이다.

군수품을 생산하는 산업 노동자들에 대한 군사력의 의존도가 점점 높아지면서 정부들로서는 많은 국민의 지지를 확보해야 할 필요성이 더욱 높아졌다. 이것은 선전의 기술에 속하는 문제로 주로 정부가 가까운 장래에 급속한 발전을 이룰 것이라는 요지의 선전이었다.

지난 4백 년간 유럽의 역사는 성장과 쇠락이 공존하는 역사였다. 쇠락한 것은 가톨릭 교회로 대표되는 구통합체이고 성장한 것은 애국주의와 과학에 기초한—오늘날까지도 완결되지 않은—새로운 통합체이다. 우리와 전력(前歷)이 다른 지역에 과학적 문명을 이식한다 해도 지금 우리가 가진 것과 똑같은 특징들이 나온다고 가정할 순 없다. 기독교와 민주주의에 접목된 과학은 조상 숭배와 절대 군주에 접목된 과학과는 전혀 다른 결과를 낳을 것이기 때문이다.

개인적 측면에서 우리는 기독교에 일정 부분 빚을 지고 있지만 과학은 이러한 감정에 대해 완전히 중립적이다. 과학 그 자체는 우리에게 어떠한 도덕 관념도 제공하지 못하며 또한 어떤 도덕 관념들이 우리가 전통에 빚지고 있는 것들을 대신해 줄 수 있을지도 의심스럽다. 전통은 아주 서서히 변하므로 우리의 도덕 관념들은 여전히 산업 사회 이전 체제에 적합한 것들이 많다. 그러나 이러한 상황이 오래 지속되진 않을 것이다. 사람들은 점차로 자신들의 육체적 습관에 일치하는 사고와 산업 기술에 모순되지 않는 관념들을 지니게 될 것이다.

생활 방식의 변화 속도가 과거 어느 때보다 급속히 빨라졌다. 그리하여 세계는 지난 1백 50년 사이에 지난 4천 년 세월 동안보다 더 많은 변화를 겪었다. 만일 러시아의 표트르 대제(1672~1725)와 함무라비 왕(?~BC 1750)이 만나 대화를 나눴다면 두 사람은 서로를 충분히 이해했을 것이다. 그러나 두 사람 모두 현대의 금융계나 산업계의 우두머리들을 도저히 이해할 수 없었을 것이다.

현대의 새로운 관념들 거의 대부분이 기술적이거나 과학적이라는 사실은 매우 흥미롭다. 과학은 미신과 도덕의 족쇄로부터 자비심을 해방시킴으로써 최근 들어서야 비로소 새로운 도덕 관념들의 성장을 촉진하기 시작했다.

관습적 도덕이 고통을 가하는 (예를 들면 산아 제한의 금지) 지역에서는 보다 인정 많은 윤리가 비도덕적인 것으로 여겨진다. 결과적으로 지식에 의해 자신의 윤리에 영향을 받는 사람들은 무지의 사도들에 의해 사악한 사람으로 간주된다. 그러나 우리 시대처럼 문명이 과학에 크게 의존해 있는 한, 장기적으로 볼 때 인간의 행복을 크게 증대시킬 수 있는 지식들을 계속 억누를 수 있을지는 매우 의심스럽다.

우리의 전통 도덕 관념들은 순수하게 개인적이거나 혹은 현대의 중요한 집단들보다는 훨씬 작은 집단들에 적합한 것들이다. 현대 기술이 사회에 미친 가장 주목할 만한 영향 가운데 하나는 사람들의 행위들이 대규모 집단들로 조직되는 단계에까지 이르렀다는 것이다. 따라서 어떤 사람의 행위가 그가 속한 집단과 협력 혹은 갈등 관계에 있는, 아주 멀리 떨어져 있는 사람들에게까지 커다란 영향을 미치는 경우가 자주 있게 된 것이다.

가정과 같은 소집단의 중요성은 줄어들고 있으며 오직 하나의 대집단, 즉 전통적 도덕에서도 어느 정도 고려해 온 국가나 정부만이 존재한다. 그 결과 '단순히' 전통을 따른 것이 아닌 한 우리 시대의 유력한 종교는 애국심이다. 보통 사람은 애국심으로 자신의 목숨까지 기꺼이 바치려 하며 그러한 도덕적 의무는 너무도 부득이하다고 느끼기 때문에 그에겐 어떤 반항도 불가능해 보인다.

르네상스부터 19세기 자유주의까지의 특징이었던 '개인의 자유를 향한 운동'이 산업주의로 증대된 조직화로 인해 중단될 가능성마저 보인다. 개인에 대한 사회의 압력이 야만적인 공동체에서처럼 커지면 국가가 개인의 업적보다 집단적인 업적을 자랑으로 내세우는 경향이 나타날 수 있다.

이런 현상은 이미 미국에서 시작되고 있다. 사람들은 시인이나 예술가나 과학자보다 고층 빌딩이나 철도역이나 교각을 자랑한다. 소련의 정치 철학에도 이 같은 태도가 팽배해 있다. 물론 미국이나 소련에도 개별 영웅들에 대한 기대가 존재한다. 러시아의 경우엔 레닌에게, 미국의 경우엔 육상 선수나 프로 권투 선수, 영화계 스타들에게 개인적 명예가 주어진다. 그러나 이 두 경우의 영웅들은 죽은 사람이거나 사소한 분야에 국한된 사람들이다. 결국 현 시대의 위대한 업적을 남긴 개인의 이름과 연관되는 경우는 아주 드물다.

개인의 노력이 아닌 집단의 노력으로 고귀한 어떤 것을 생산할 수 있을지, 그러한 문명이 과연 최고도의 문명이 될 수 있을지, 한 번쯤 진지하게 생각해 보는 것도 흥미로울 것이다. 이러한 질문에 즉석에서 답이 나오긴 힘들 거라고 생각한다. 예술과 지성의 부분에 있어서는 과거 개인들에 의해 성취된 것보다 나은 결과가 집단에 의해 성취될 가능성이 있다. 과학의 경우 개인의 작업보단 연구실 공동작업으로 나아가는 경향이 이미 나타나고 있고 이러한 경향이 더욱 두드러진다면 과학을 위해서도 좋을 것이다. 협동하는 분위기를 조성할 것이기 때문이다.

그러나 어떤 종류든 간에 중요한 작업이 집단화된다면 필연적으로 개인적인 부분은 줄어들 것이다. 개인들로선 지금까지 천재적인 사람들이 해온 것만큼 뚜렷하게 자기 주장을 하기가 힘들어질 것이기 때문이다.

기독교 도덕이 이 문제에 끼어들긴 하지만 흔히 생각하는 것과는 반대의 의미로 다가온다. 일반적으로 기독교는 애타심과 이웃 사랑을 촉구하므로 개인주의적이지 않다고 여겨진다. 그러나 그러한 생각은 심리적인 착오다. 기독교는 개인의 영혼에 호소하고 개인의 구원을 강조한다. 기독교에서 어떤 사람이 자기 이웃을 위해 무엇인가를 해야 한다면 그것은 '그'가 그렇게 하는 것이 옳기 때문이지, 그가 보다 큰 집단의 일원으로 '타고났기' 때문은 아니다.

기독교는 그 기원이나 본질에 있어 정치적이지 않을 뿐 아니라 심지어 가족적이지도 않아서 개인을 자연이 허용한 이상으로 자기 내에 머물게 만드는 경향이 있다. 과거에는 가정이 이 같은 개인주의를 중화시키는 역할을 담당했지만 지금은 가정이 붕괴해 가고 있기 때문에 사람들의 본능을 과거만큼 장악하지 못하고 있다. 가정이 잃은 것을 국가가 얻은 셈이다. 국가는 산업 세계에서 돌파구를 찾기 힘든 생물학적 본능에 호소하기 때문이다.

그러나 안정성의 관점에서 볼 때 국가는 너무도 협소한 단위이다. 인간 개개인의 인간의 생물학적 본능을 인류에 적용할 수도 있겠지만 그러나 이 바람은 심리학적으로 볼 때 실현 가능성이 별로 없어 보인다. 새로운 질병이나 세계적 기근과 같은 어떤 중대한 외적 위협에 인류 전체가 동시에 직면하지 않는 한 말이다. 그러나 그런 일들이 일어날 가능성은 별로 없기 때문에 어느 한 나라나 몇몇 나라들에 의해 전 세계가 정복되지 않는 한 세계 정부를 일으킬 수 있는 심리적 기제를 나로서는 전혀 발견할 수 없다. 그러나 이것은 사실상 자연스런 역사의 발전선상에 놓여 있어서 내년에 일어날지 혹은 2백 년 후에나 일어날지 모르는 일이다.

오늘날 서구 문명에서는 과학과 산업 기술이 과거의 모든 전통적 요소들을 합친 것보다 더 큰 중요성을 가진다. 그러므로 이러한 새로운 기술이 인간의 생활에 미치는 영향이 최대한 전개된 상태라고 생각해선 안 된다. 지금은 모든 일이 과거에 비해 빠르게 돌아가고 있지만 사람은 그렇게 빠르게 변하지 못하기 때문이다.

인류의 발전에 있어 산업주의의 성장에 비견될 만큼 중요한 의미를 지니는 사건은 농경의 시작인데 농경이 관념 체계와 생활 양식을 수반하며 전 지구상으로 퍼지는 데는 수천 년이 걸렸다. 농경 생활 양식은 아직까지도 보수적 성향이 짙은 지역들을 완전히 정복하진 못했다. 이 지역들은 수렵법이 증명하듯, 여전히 수렵 단계에 머물러 있다. 이와 유사하게 농경적 사고방식도 후진국 사람들 사이에서 오랜 세월 살아남을 것이라고 예측할 수 있다.

그러나 서구 문명과 서구 문명이 동양에 끼친 영향을 특징짓는 것은 농경적 사고방식이 아니다. 토착 농민 계급이 없는 미국에서는 농업마저도 반(半) 산업주의적 성향과 연계됨을 볼 수 있다. 러시아와 중국의 정부들은 산업주의적 관점을 가지고 있지만 대다수의 인구가 무지한 농민들이라는 것이 장애가 되고 있다.

그러나 이런 지역일수록 정부의 노력에 의해 읽지도, 쓰지도 못하는 국민들이 서유럽이나 미국 같은 지역의 국민들보다 빠르게 변화될 수 있다는 점을 기억해야 한다. 정부가 식자률을 높이고 올바른 선전을 한다면 가장 앞서가는 미국의 말괄량이들도 놀랄 정도로. 자라나는 세대가 선배들을 뛰어넘을 수 있도록 이끌 수 있다.

러시아에서는 이러한 과정이 한창 진행중이고 중국은 이제 막 시작 단계에 있다. 그러므로 이 두 나라는 발전이 늦은 서구 지역들에 아직 잔존해 있는 전통적 요소들에서 벗어난 순수한 산업주의적 성향으로 발전해 나갈 것으로 예측된다.

서구 문명은 대단히 급속하게 변화해 왔고 또 변화하고 있는 중이어서 과거에 향수를 느끼는 사람들은 마치 자신이 외계에 살고 있는 것이 아닌가 느낄 정도다. 그러나 지금의 시대는 로마 시대 이후 꾸준히 존재하면서 유럽을 인도나 중국과 구분지어 주었던 요소들을 보다 극명하게 드러내고 있는 데 불과하다.

활력, 불관용, 그리고 추상적 사유력은 유럽의 전성기를 동양의 전성기와 구분해 온 개념들이다. 문학과 예술에 있어선 그리스인들이 최고였을지 몰라도 중국과 비교하면 그들의 우수성은 단지 정도의 차이에 불과하다.

활력과 지성에 대해선 이미 충분히 얘기했지만 불관용에 대해선 짚고 넘어갈 필요가 있다. 왜냐하면 그것은 우리가 느끼는 이상으로 서구의 역사를 관통하며 유럽을 특징 지어온 개념이기 때문이다.

그리스인들은 사실 그들의 계승자들에 비하면 이 악덕에 덜 물들어 있었다. 그렇긴 해도 그들은 소크라테스를 사형에 처했고 플라톤은 소크라테스를 존경했음에도 불구하고 자기 자신은 거짓으로 여기고 있던 신조를 국가가 가르쳐야 한다고, 그 신조에 대해 의심을 품는 자들은 박해받아 마땅하다고 주장했던 것이다.

유교주의자, 도교주의자, 불교도였다면 그러한 히틀러식 신조에 아무도 동조하지 않았을 것이다. 플라톤의 신사적인 기품은 유럽인들의 전형이 아니었다. 유럽은 우아함보다는 호전적이고 영악한 면모를 보여왔기 때문이다. 서구 문명의 두드러진 특색은 차라리 아르키메데스가 발명한 기계 장치로 시라쿠사(이탈리아 시칠리아 섬의 항구도시―역주)를 방어하는 플루타르크의 이야기에서 찾아져야 한다.

박해―다시 말해 민주주의를 내세운 평범한 사람들의 질투―의 원인은 이미 그리스인들에게서 적나라하게 드러났다. 아리스티데스(아테네의 정치가, 장군―역주)는 정의롭기로 평판이 높았던 탓에 분노를 사 도편 투표로 국외로 추방되었다. 민주주의자가 아니었던 에베소의 헤라클레이토스는 이렇게 외쳤다.

"에베소인들은 저들 손으로 모든 성인 남자들을 목매달아 수염도 나지 않은 어린애들만 있는 도시로 만드는 편이 나을 것이다. 그들 스스로 '우리 가운데 가장 뛰어난 사람 따윈 필요 없다. 혹시 그런 사람이 있으면 다른 데 가서 다른 사람들 틈에서 잘난 사람으로 행세하게 해주자'고 말하면서 저들 가운데 가장 뛰어난 사람인 헤르모도루스를 추방했으니 말이다."

그리스인들에겐 우리 시대의 유쾌하지 못한 많은 특징들이 고스란히 존재했다. 파시즘, 국가주의, 군국주의, 공산주의, 보스 및 부패한 정치인들이 있었다. 호전적인 상스러움과 종교 박해도 다소 있었다. 물론 훌륭한 개인들도 있었지만 그건 우리도 마찬가지다. 그때도 우리 시대와 마찬가지로 상당수의 뛰어난 개인들이 추방, 감금, 처형당하는 수난을 겪었다. 다만 그리스 문명이 우리의 문명을 능가하는 정말 뛰어난 것이 있다면 그것은 바로 정치의 무능이고, 그 덕에 품위 있는 사람들의 다수가 곤경을 면할 수 있었다.

유럽을 아시아와 구분짓게 만든 첫번째 기회가 된 것은 콘스탄틴 대제의 기독교 개종이었다. 지난 1백 50년 동안 간헐적으로 자유주의가 잠시 존재한 때도 있었지만 지금은 백인종들이, 기독교인들이 유대인들로부터 물려받은 신학적 편협함으로 복귀하고 있다.

유대인들은 오직 하나의 종교만이 진실이라는 관념을 최초로 만들어 냈지만 온 세상을 그 종교로 개종시키고자 하진 않았다. 다만 같은 유대인들 가운데서 종교가 다른 사람들만을 박해했을 뿐이다. 기독교인들은 유대인들의 특별한 계시에 대한 믿음 위에 로마인들의 세계 통치에 대한 열망과 그리스인들의 형이상학적 예민함을 추가했다. 그러한 조합 결과 지구상에서 가장 맹렬하게 박해하는 종교가 탄생했던 것이다.

일본과 중국의 경우 불교는 평화적으로 받아들여졌고 신도 및 유교와 공존해 왔다. 회교권에서도 기독교도들과 유대인들이 회교에 경의를 표하는 한 괴롭힘을 당하진 않았다. 그러나 기독교 국가들에서는 정통에서 아주 조금만 일탈해도 사형으로 처벌하는 것이 상례였다.

파시즘과 공산주의의 불관용을 증오하는 사람들에게 내가 동의하지 않을 이유가 없다. 그들이 그것을 유럽 전통으로부터의 일탈이라고 간주하지 않는다면 말이다. 우리들 가운데 박해 통치가

정통적 관행으로 굳어진 분위기 때문에 질식할 것 같다고 느끼는 사람들이 먼 과거 유럽에서 살았더라면 근대 러시아나 독일에서 사는 것보다 더 살기 힘들어했을 것이다.

만일 우리가 요술을 부려 과거로 되돌아갈 수 있다면 스파르타를 근대 국가들보다 진보한 형태라고 생각할 수 있을까? 16세기 유럽 사회들처럼 마법을 믿지 않는다는 이유로 사람을 처형하는 사회에 살고 싶어했을까? 과연 우리가 초기 뉴잉글랜드를 견뎌낼 수 있었을 것이며, 피사로(잉카 제국을 정복한 16세기 스페인의 군인)가 잉카인들에 한 짓을 예찬할 수 있었을까?

백년 동안 10만 마녀들을 화형에 처한 르네상스 시대의 독일을 보고 즐거워할 수 있었을까? 메사추세츠의 지진을 두고 보스턴의 목사들이 피뢰침이 불경한 탓으로 돌렸던 18세기 미국을 좋아할 수 있었을까? 19세기로 와서 교황 피우스 9세가 인간에겐 하등 동물들에 대한 책임이 있다고 믿는 것은 이설이라는 이유로 '동물 학대 방지협회'와 어떤 관계도 가지기를 거부했을 때, 우리가 그에게 공감할 수 있었을까?

유럽이 아무리 지적이라고 해도 내가 보기엔 언제나 무시무시한 쪽에 가깝지 않았나 싶다. 1848년에서 1914년 사이의 짧은 기간만 빼고 말이다. 지금 유럽인들은 불행하게도 그 무시무시한 전형으로 되돌아가고 있다.

금욕주의에 대하여

Stoicism and Mental Health

과거, 도덕적이기만 한 규율을 가지고 씨름했던(결과는 참담한 실패였지만) 교육의 여러 문제들이 지금은 현대 심리학의 도움으로 좀 더 간접적이고 과학적인 방법들에 의해 해결되었다. 따라서 이제 금욕적 극기는 더 이상 필요 없다고 생각하는 경향이 있는 듯하다. 특히 제대로 알지도 못한 채 심리 분석에 열광하는 사람들 사이에선 더욱 심하다.

그러한 관점을 지지하지 않는 나로선 이 글을 통해 금욕적 극기가 필요한 상황들을 들어 보고 젊은이들 사이에 그것을 고취시킬 수 있는 몇 가지 방법을 생각해 보고자 한다. 또한 금욕적 극기에서 피해야만 될 몇 가지 위험에 대해서도 알아 보겠다.

일단 금욕주의를 필요로 하는 문제들 중에서도 가장 어렵고도 본질적인 것에서부터 시작해 보자. 바로 '죽음'이다. 죽음의 공포와 맞서기 위한 시도에는 여러 다양한 방법들이 있다. 아예 무시하거나, 절대 입에 올리지 않거나, 어느새 그 생각에 빠져 있음을 알곤 생각을 다른 쪽으로 돌리려 애쓴다. 이것은 웰즈(허버트 조지 웰즈 1866~1946; 영국의 소설가, 평론가—역주)의 『타임 머신』에 나오는 나비 인간들이 쓰는 방법이다.

혹은 그와 정반대의 길을 택해, 인간 생명의 덧없음에 대해 끊임없이 사색하기도 한다. 그렇게 친숙해지다 보면 죽음에 대한 경멸감이 생겨나지 않을까 하는 희망으로 말이다. 이것은 왕좌에서 물러난 찰스 5세가 은둔 생활을 하며 택했던 방법이다. 캠브리지 대학의 한 연구원은 그보다 더 심한 경지까지 나아가, 방에다 관을 갖다 놓고 자곤 했는데 이따금 삽을 들고 대학 교정으로 나가서 벌레들을 두 동강 내며 외쳤다.

"어때! 넌 아직 날 못 데려갔지."

세 번째 방법은 대단히 폭넓게 선택되어져 온 방법으로 죽음은 죽는 게 아니라 새롭고 더 좋은 인생으로 가는 관문일 뿐이라고 자타를 설득하는 것이다. 죽는다는 유쾌하지 못한 사실에 대한 사람들의 적응 방법은 대부분 이 세 가지 방법들을 가지각색의 비율로 혼합한 것이리라.

그러나 이 방법들에는 각각의 반론들이 존재한다. 정서적으로 흥미를 느끼는 주제에 대해 생각하기를 피하려고 하는 시도는 성과 관련하여 프로이드 신봉자들이 지적하는 것처럼 성공하지 못할 확률이 높으며 각종 바람직하지 못한 왜곡된 형태로 이어질 가능성이 많다.

그렇다면 이번엔 어린아이들에게 죽음에 관한 지식을 차단해 버리는 방법도 생각해 볼 수 있다. 초기 몇 년 동안 철저하게 말이다. 그 동안 죽음이 발생할지 안 할지는 순전히 운에 달렸다. 만일 부모 중 한 사람이나 형이나 언니가 죽는다면 아이가 죽음에 대한 정서적 자각을 하게 되는 것을 막을 방법은 전혀 없다.

그러나 혹시 운이 좋아서 죽음이란 사실을 어린아이가 실감하지 못한다 하더라도 조만간 실감하게 될 게 뻔하며 게다가 전혀 준비가 안 된 사람이 죽음을 접하게 되면 심각한 균형감의 상실을 초래할 가능성이 높다. 그러므로 우리는 단순히 죽음을 무시해 버리기보다는 그에 대한 어떤 태도를 확립하고자 노력해야 한다.

죽음에 대해 계속 생각하는 것 역시 해로운 방법이다. 어느 한 주제를 너무 배타적으로 생각하는 것은 잘못이며, 특히 행동이 뒤따르지 않을 땐 더욱 그렇다. 물론, 자신의 죽음을 늦추기 위한 조치는 가능하며 정상인이라면 누구나 적당한 선에서 그렇게들 행동한다. 그러나 궁극적으로 죽음을 막을 순 없다. 그러므로 죽음이란 것은 무익한 명상 주제다. 게다가 그렇게 한 생각에만 빠져 있다 보면 다른 사람들 및 주변에 대한 관심이 줄어들기 쉽다. 사실, 정신 건강을 유지하는 길은 객관적 관심사에 달려 있다.

죽음의 공포는 인간을 외부적인 힘의 노예로 느끼게 만들고 노예적 정신 상태에서는 아무런 좋은 결과도 나오지 않는다. 만일 어떤 사람이 명상을 통해 정말로 죽음의 공포를 치유할 수 있었다면 더 이상 그 주제로 명상하진 않을 것이다. 그의 사고가 죽음으로 꽉 차 있는 한 그 공포에서 벗어나지 못했음을 입증하는 것이다. 그러므로 이 방법은 다른 방법보다 나을 게 없다.

죽음은 보다 나은 생으로 가는 관문이라는 믿음은 논리적으로 보자면 죽음에 대한 인간의 공포감을 없애 주어야 마땅하다. 그러나 의사들에겐 다행스럽게도, 실상 이 믿음은 몇몇 드문 경우를 제외하고는 효과를 얻지 못했다. 죽으면 모든 게 끝이라고 생각하는 사람들에 비해 내세를 믿는 사람들이 병드는 것을 덜 두려워하거나 전투에서 좀더 용맹하다고는 생각지 않는다.

고인이 된 F. W. H. 마이어는 한 만찬 자리에서 어떤 사람에게 죽으면 당신에게 무슨 일이 일어날 것 같으냐고 물었다. 그 사람은 모른 척하며 어물쩍 넘어가려 하다가 주변에서 재촉하자 이렇게 대답했다.

"아, 글쎄요. 아마 영원한 축복을 받게 되겠죠. 하지만 그런 불유쾌한 얘긴 더 이상 하지 말아주셨으면 합니다."

이처럼 명백하게 모순된 얘기가 나올 수 있는 이유는 대부분의 사람들에게 있어 종교적 믿음이란 것은 의식적 영역에서만 존재할 뿐 그 믿음이 무의식 기제까지 바꿔 놓진 못한다는 데 있다. 따라서 죽음의 공포에 성공적으로 대처할 수 있기 위해선 의식적 사고뿐 아니라 전체로서의 행동에 영향을 줄 수 있는 방법을 쓰는 수밖에 없다. 몇몇 경우에 있어선 종교적 믿음이 그런 결과를 낳기도 하지만 대부분의 사람들은 그렇지 못하다.

이처럼 실패하게 되는 데는 행동주의적 이유와는 또 다른 두 가지 원인이 있다. 그 하나는, 열렬한 신앙 고백에도 불구하고 끈질기게 남아 있는 의심인데 이것은 종교를 믿지 않는 사람들에 대한 분노의 형태로 표출되곤 한다. 다른 하나는, 내세를 믿는다는 사람들이 죽음에 대한 공포를 최소화하기는커녕 더 강조하는 경향이 있어서 절대적인 확신을 느끼지 못하는 사람들의 두려움을 더 크게 만든다는 점이다.

그렇다면 죽음이 존재하는 세상에 적응하려 애쓰는 젊은이들에게 우리는 무엇을 해줄 수 있을 것인가? 다음 세 가지를 들 수 있는데 사실 이것들을 모두 달성하기란 대단히 힘든 일이다.

첫째, 죽음은 말하고 싶지도 않고 생각해 보라고 권장하고 싶지도 않은 주제라는 느낌을 그들에게 주어선 안 된다. 만일 우리가 그런 느낌을 준다면 오히려 거기엔 흥미로운 뭔가가 있다고 판단하고 더 열심히 생각하려 들 것이다. 이 부분에서, 우리에게 잘 알려진 요즘의 성교육 방식을 응용해 볼 수 있을 것이다.

둘째, 그럼에도 불구하고 우리는 젊은이들이 죽음의 문제를 두고 많이 혹은 자주 생각하는 것을 가능한 한 막아보려 해야 한다. 이것은 포르노에 빠지는 류의 탐닉 행위들에 반대하는 것과 마찬가지 이유다. 다시 말해 그런 류의 탐닉은 능률을 감소시키고 모든 방면의 발전을 가로막으며 결국 자신과 타인들 모두에게 불만족스러운 행동으로 이어지게 마련이다.

셋째, 의식적인 사고만으로 죽음이란 주제에 대한 만족할 만한 태도를 불러일으킬 수 있으리란 희망을 버려야 한다. 특히, 죽음이 생각보단 덜 끔찍하다는 것을 보여 주려는 의도를 가진 믿음들은 그것들이 의식의 저변으로 침투하지 못하는 한(흔히 그렇다) 아무 쓸모도 없다.

이 다양한 목표들을 실행하기 위해선 어린이나 젊은이의 경험에 따라 다소 다른 방법들을 택해야 한다. 만일 아이와 가까운 사람들 중 아무도 죽은 이가 없다면 죽음을 평범한 사실로, 대단한 흥미거리가 못되는 것으로 받아들이기 쉽다.

죽음을 추상적이고 무인격적인 것으로 생각하고 있다면 끔찍하게 묘사하지 말고 사실 그대로 말해 주어야 한다. 아이가 "내가 죽어요?"라고 물어오면 "그래, 하지만 아주 오랫동안 그런 일은 없을 거야."라고 대답한다. 죽음에 대해 신비감을 갖지 않게 하는 것이 중요하다. 장난감이 닳아서 폐기할 때와 마찬가지라고 생각하게 유도해야 한다. 그러나 가능한 한, 아직 어린아이들에겐 죽음이란 대단히 먼 일인 것처럼 느끼게 해주는 것이 가장 좋다.

아이에게 중요한 누군가가 죽었을 때는 문제가 다르다. 예를 들어 아이가 형을 잃었다고 해보자. 부모는 슬픔에 젖을 것이고 자신들이 '얼마나' 슬퍼하는지 아이가 눈치채길 바라진 않겠지만 사실은, 부모가 고통받는 게 '어떤 것'인지 아이가 감지하는 것이 바람직하고 또 필요하다. 꾸밈없는 애정은 대단히 소중한 것이므로 아이는 어른들이 그것을 느끼고 있다는 것을 알아야 한다. 만일 부모가 초인적인 노력으로 자신들의 슬픔을 아이에게 드러내지 않는다면 아이는 이렇게 생각할 것이다.

'엄마 아빠는 내가 죽어도 상관하지 않을 거야.'

이런 생각은 온갖 병적 발달의 출발점이 되기 쉽다. 따라서 아이가 좀 성장했을 때 누군가가 죽는 일이 생기는 것은(아주 어릴 때는 그다지 크게 느끼지 못한다) 좋지 않은 충격이 되긴 하겠지만, 그러나 만일 그런 일이 있다면 우리는 그것을 지나치게 축소하려 들지 말아야 한다. 죽음이란 주제는 피해서도 안 되지만 지나치게 집착해서도 안 된다. 그러므로 너무 의도적일 필요는 없지만, 새로운 관심과 특히 새로운 애정을 불러일으킬 수 있도록 노력해야 한다.

어린아이가 어떤 한 사람에게 지나치게 강한 애정을 가지는 것은 뭔가 잘못됐다는 표시이기 쉽다. 만일 부모 중 하나가 덜 자상하다면 다른 한 사람에 대해 지나친 애정을 가지기 쉽고, 만일 양친이다 자상하지 못하다면 선생님이 그 대상이 되기가 쉽다. 그것은 일반적으로 두려움의 산물이다. 애정의 대상만이 자신에게 안전감을 주는 유일한 사람이기 때문이다. 어린 시절에 이런 류의 애정을 가지는 것은 바람직하지 않다.

만일 사랑했던 그 사람이 죽는 일이 생기면 그 아이의 인생은 산산히 깨질지도 모른다. 그 후의 모든 사랑은, 겉으로 보기엔 아무 문제가 없을지 몰라도 사실 공포심으로 가득 차 있게 마련이다. 지나친 갈망으로 남편(혹은 아내)과 아이들을 힘들게 만들 뿐 아니라, 그들로선 그저 자기들 나름의 생활을 해나갈 뿐인데도 무정한 느낌을 받기 쉬울 것이다.

그러므로 어머니나 아버지는 자신이 그런 종류의 애정의 대상이라는 사실에 기쁨을 느껴선 안 된다. 만일 그 아이가 대체적으로 호의적인 환경 속에서 행복하게 자랐다면 아이는 어떤 사람의 상실이라는, 자신에게도 일어날지 모를 그 고통을 별 어려움 없이 이겨낼 수 있을 것이다. 성장과 행복의 정상적인 기회들이 주어진다면 삶과 희망에 대한 충동만으로도 충분하다.

그러나 성인이 된 후의 생활이 만족스럽기 위해선 청년기에 죽음에 대한 보다 적극적인 태도를 확립하는 것이 필요하다. 어른은 자기 자신이나 사랑하는 타인들의 죽음에 대해 별로 생각하지 않는다. 생각해 봤자 소용없는 일이므로 의도적으로 생각을 돌려 버리기 때문이라기보다는 그의 관심과 활동이 복잡하기 때문이다.

죽음이 떠오르면 다소 금욕주의적인 태도로 생각하는 것이 가장 좋다. 다시 말해 죽음의 중요성을 최소화하려고 애쓰지 말고 그것을 초월했다는 자부심을 가지고 의도적으로 냉정하게 사고해야 한다.

이런 원칙은 다른 공포감도 마찬가지다. 즉, 공포를 일으키는 대상을 단호하게 주시하는 것이 유일한 처치법이다. 우리는 자신에게 이렇게 말해야 한다.

"그래, 좋아. 그런 일이 일어날지도 모르지. 하지만 그게 어쨌다는 거지?"

사람들은 전쟁터에서 죽음에 직면했을 때 이런 방법으로 대처한다. 그렇게 하고 나면 자신들이 생명을 바치려 하는 명분이나 자신이 아끼는 사람의 중요성이 확실하게 느껴지기 때문이다. 이런 식으로 느끼는 방법은 어느 경우에든 바람직하다.

사람은 언제라도, 자신이 살아가는 데는 중요한 무엇인가가 있고, 자신의 죽음이나 아내 혹은 아이의 죽음이 이 세상에서 그를 흥미있게 만드는 모든 것을 끝장내는 것은 아니라고 느낄 수 있어야 한다. 성인으로 살아가면서 진정 마음으로부터 이러한 자세를 유지할 수 있으려면 청년기에 아낌없는 열정으로 젊음을 불태우고, 자신의 인생을 걸 만한 직업을 가지는 것이 반드시 필요하다.

청년기는 관용의 시기이므로 그 시기를 최대한 이용해 관대한 습관들을 형성해 두어야 한다. 이러한 작업은 아버지나 선생님의 영향으로 이루어지기 쉽다. 좀더 발전된 사회에서는 어머니도 그런 역할을 할 수 있겠지만 지금으로선 여성들의 일반적인 삶이 그들로 하여금, 내가 생각하고 있는 것에 비해 너무도 사사롭고 지적으로도 충분한 시야를 가지지 못하도록 만들고 있다. 이런 이유로 해서 청년들은(남녀를 막론하고) 선생님들 가운데서도 남자 선생님들과 접할 수 있어야 한다. 보다 공평한 관심사를 가진 신세대 여성들이 성장할 때까진 말이다.

최근 들어, 인생에 있어 금욕주의의 중요성이 특히 진보적 교육자들에 의해 다소 낮게 평가되고 있는 것 같다. 불행이 위협해 올 때 그 상황에 대처하는 데는 두 가지 방법이 있다. 불행을 피하려는 태도와 과감하게 그것과 맞서려는 태도다. 비겁하지 않다면 전자도 좋은 방법이다.

그러나 두려움의 노예가 될 마음이 없는 사람에겐 머지않아 후자가 필요해질 것이다. 이 자세가 바로 금욕주의를 형성한다. 젊은 이들에게 금욕주의를 고취시키려 하다보면 자칫 사디즘의 출구를 허용하게 되지 않을까 하는 것이 교육자의 입장에선 가장 큰 어려움이다.

과거에는 훈육의 개념이 대단히 무시무시해서 교육이 잔인한 충동의 통로가 되었다. 아이에게 고통을 주면서 쾌감을 느끼는 일 없이 최소한의 징벌을 내린다는 것이 과연 가능할까?

물론 옛 관습에 젖은 사람들은 자신들이 그런 쾌감을 느끼지 않는다고 부인할 것이다. 아버지가 아들을 회초리로 후려치며 다음과 같이 말했던 일화는 누구나 알 것이다.

"애야, 맞는 너보다 때리는 내 마음이 더 아프단다."

그러자 아들이 대답했다.

"그렇다면 아버지. 제가 대신 아버지를 매질하게 해주시겠어요?"

사무엘 버틀러는 『모든 중생의 길』에서 엄격한 아버지가 느끼는 가학적 쾌감을 현대의 심리학도라면 누구든 고개를 끄덕일 만한 방식으로 묘사한 바 있다. 그렇다면 우리는 어떻게 해야 할 것인가?

죽음의 공포는 금욕주의에 의해 가장 훌륭하게 해결되는 여러 항목 가운데 하나에 불과하다. 그 가운데는 가난에 대한 공포, 육체적 고통의 공포, 부유층 여자들 사이에서 흔한 출산의 공포도 있다. 이러한 모든 공포들은 점점 약화되고 있으며 다소 경멸시되는 경향이 있다. 그러나 만일 우리가 사람은 그런 것들에 신경쓰지 말아야 한다는 노선을 택한다면 해악을 줄이기 위한 아무 노력도 할 필요가 없다는 노선에도 따르기 쉬울 것이다.

여자들은 출산 시 마취제를 쓰지 말아야 한다는 생각이 오랜 세월 이어져 왔고 일본에서는 오늘날까지도 이 견해가 존속하고 있다. 마취제는 해롭다고 남자 의사들은 주장했다. 그러나 그렇게 볼 근거는 전혀 없었고 결국 그러한 견해는 무의식적 사디즘에서 기인한 게 분명했다. 그러나 분만의 고통이 점점 줄어들수록 그 고통을 이겨 보려는 부유한 여자들의 의지는 더 약해지고 있다. 결국 그녀들의 용기가 더 빨리 줄어든 셈이다.

여기에 균형이 이루어져야 한다는 건 분명하다. 인생 전체를 달콤하고 유쾌하게 만들기란 불가능하다. 따라서 사람들은 불유쾌한 부분들에 적합한 어떤 태도를 취할 수 있어야 한다. 그러나 가능한 한 잔인성을 부추기지 않는 범위 내에서 이루어져야 한다.

지나친 동정은 금물이라는 것을 어린아이들을 다루는 사람들이라면 누구나 금방 알게 된다. 물론 너무 동정심이 없는 것은 더 나쁘지만 이 경우에도 다른 일들과 마찬가지로 양극단 모두 나쁘다.

언제나 동정을 받는 아이는 작은 불행에도 울음을 터뜨리고 만다. 보통 사람의 평범한 자기 조절은 야단법석을 떨어선 아무 동정도 얻지 못한다는 것을 알게 될 때만 가능한 것이다. 아이들은 때로는 약간 엄하기도 한 어른이 자신들에게 가장 좋다는 것을 이미 알고 있다. 자신들이 사랑받고 있는지 아닌지를 본능으로 느끼기 때문에 자신을 사랑한다고 느껴지는 사람들이 자신의 적절한 발달을 진심으로 소망하면서 보여 주는 엄격함이라면 어떤 것이든 참아낼 수 있다.

결국 이론상으론 해결책이 간단하다. 교육자들에게 현명한 사랑을 고취시켜라. 그러면 옳은 일을 할 것이다. 그러나 실제에 있어선 문제는 좀더 복잡하다. 피로, 짜증, 걱정, 초조가 부모나 교사를 에워싸고 있기 때문에 궁극적으론 아이의 행복을 위한다는 명분으로 이러한 감정들을 아이에게 발산해도 좋다고 하는 교육 이론에 기대는 것은 위험한 일이다. 그럼에도 불구하고 만일 그 이론이 진실이라면 받아들이는 것이 마땅하며 단, 그에 따른 위험 요소들을 부모나 교사에게 자각시킴으로써 그것을 막기 위해 가능한 모든 노력을 기울이게 해야 한다.

이제 앞서 논의한 사항들에서 시사하는 결론들을 요약해 보자. 인생에서 만나는 고통스런 일에 대한 지식을 아이들에게 숨기려 해서도 안 되고 강요해서도 안 된다. 상황이 불가피할 때 저절로 알게 될 것이다. 고통스런 일에 대해 언급하지 않을 수 없을 땐, 있는 그대로 감정을 넣지 말고 얘기해야 한다. 단 가정에서 누군가 죽었을 경우엔 예외다. 이때 슬픔을 감추려드는 것은 부자연스럽다. 어른들은 슬픔 속에서도 쾌활한 용기를 보여 주어야 하며 그것을 보고 아이들은 무의식적으로 배워나갈 것이다.

청년기에는 사사롭지 않은 많은 관심사들이 젊은이들 앞에 제시되어야 하며 자기 외부의 목적을 위해 사는 삶이 있다는 것을 (드

239

러내놓고 훈계하는 방법이 아닌 암시의 방법으로) 깨쳐 주어야 한다. 불행이 닥쳤을 땐 아직도 살아야 할 이유들이 있다는 것을 기억하게 함으로써 그것을 견뎌내도록 가르쳐야 한다. 그러나 일어나지도 않은 불행에 깊이 파고들게 두어선 안 된다. 설사 그것이 불행에 맞설 준비를 하기 위한 것이라 할지라도.

젊은이들을 다루는 일을 하는 사람들은 혹시 자신이 교육에 필요한 훈육적 요소들로부터 가학적 쾌감을 느끼고 있지나 않은지 스스로를 엄밀하게 감시해야 한다. 훈육의 동기는 항상 품성이나 지성의 발달에 두어야 한다. 지성에도 훈련은 반드시 필요하다. 훈련 없이는 결코 정확함을 얻어낼 수 없기 때문이다. 하지만 지성의 훈련은 좀 성격이 다른 문제여서 이 글의 범위를 벗어난다.

이제 마지막으로 한 가지 덧붙이고 싶은 것은 훈육은 내적 충동에서 솟아나올 때가 가장 좋다는 얘기다. 그러기 위해선 아이나 청년에게 어려운 무엇인가를 달성하고자 하는 야심이 있어야 하고 그 목적을 위해 노력하고자 하는 의지가 있어야 한다. 그와 같은 야심은 흔히 주변의 누군가로부터 제의받는 수가 많다. 결국 자기 단련조차도 교육적 자극에 의해 좌우된다는 얘기다.

혜성의 비밀

On Comets

만일 내가 혜성이라면 난 아마 우리 시대의 인간들을 퇴화한 종이라고 생각했을 것이다.

예전에는 혜성에 대한 외경심이 보편적이었고 또 깊었다. 시저의 죽음을 미리 알린 것도 혜성이었고 로마 베스파시아누스 황제의 죽음이 임박했음을 알려준 것도 혜성이라고 여겨져 왔다. 강한 정신의 소유자였던 황제 자신은 그 혜성은 다른 걸 예견하는 것이라고 주장했다. 그 혜성은 털투성이지만 자신은 대머리란 이유에서였다. 그러나 그의 이 극단적인 합리주의에 공감하는 이는 거의 없었다.

비드 존자(673?~735 ; 영국의 수도사, 신학자, 역사가—역주)는 '혜성들은 나라의 혁명, 페스트, 전쟁, 태풍, 더위 따위의 조짐이다'라고 말했다. 존 낙스(1510~1572 ; 스코틀랜드의 종교 개혁가, 역사가—역주)는 혜성을 신이 화난 증거로 여겼고 스코틀랜드의 프로테스탄트들은 혜성을 '교황주의자들을 뿌리 뽑으려는 하나님의 경고'라고 생각했다.

미국, 특히 뉴잉글랜드도 혜성에 대한 관심을 불러일으키는 데 톡톡히 한몫했다. 1652년 저명한 코튼(존 코튼 1584~1652 ; 미국의 목사, 식민지 개척자, 저술가—역주) 씨가 몸져 누웠을 때 혜성 하나가 나타났다가 그가 죽자 사라졌다. 그로부터 불과 십 년 후, 보스턴에 새로운 혜성이 나타나자 '방탕하게 마셔대고 아무렇게나 입고 다님으로써 신의 선한 창조물들을 방탕에 빠뜨리고 욕보이는' 짓을 멈추라는 사악한 주민들에 대한 경고로 받아들였다.

유명한 목사 인크리스 마서(1639~1723 ; 미국 청교도 목사, 저술가—역주)는 혜성과 일식, 월식이 하버드 총장들 및 식민지 총독들의 죽음들을 미리 알려왔다면서 신에게 '별들을 앗아가고 그 뒤를 이어 혜성을 보내 주지 마시길' 빌라고 자신의 무리들에게 가르쳤다.

이 모든 미신들은 헬리(1656~1742 ; 영국 천문학자, 수학자—역주)가 행성과 똑같이 태양 주위를 질서 정연한 타원형으로 돌고 있는 혜성을 처음으로 발견하고 그후 혜성들은 중력의 법칙에 따른다는 뉴턴의 이론이 나오면서 점차 근절되었다. 한때 매우 고답적인 대학에서는 교수들이 이러한 발견들에 대해 언급조차 못하도록 금한 적도 있었지만 진리를 오래 은폐할 순 없었다.

우리의 시대에서 지위 고하나 교육의 정도를 떠나 모든 사람들이 혜성에 열중하고 하나가 나타날 때마다 공포에 질리는 세상을 상상하기 어렵다. 대부분의 사람들은 혜성을 본 적도 없다. 나는 두 개의 혜성을 보았지만 기대만큼 감동적이지 못했다.

우리의 태도가 변하게 된 이유는 합리주의에만 있는 게 아니라 인공 조명에도 있다. 현대 도시의 거리를 걸어보면 밤하늘의 별을 보기가 힘들다. 시골에서도 우리는 전조등을 밝게 켜고 차를 몬다. 우리가 하늘을 더럽혔기 때문에 이젠 몇몇 과학자들만이 변함없이 별과 행성과 운석과 혜성들을 지켜볼 뿐이다.

우리의 일상 세계는 과거 그 어느 때보다 인공적이다. 이로 인해 얻은 것도 있지만 잃은 것도 많다. 안전한 자신의 영토 안에서 인간은 점점 더 사소해지고, 교만해지고, 약간씩 미쳐간다.

하지만 지금 시대에 혜성이 1662년 보스턴에서와 같은 유익한 도덕적 효과를 낳을 수 있을 거라곤 생각되지 않는다. 지금은 좀더 강한 약이 필요한 시대다.

영혼이란 무엇인가

What is the Soul?

현대 과학의 진보로 인해 파생되는 가장 고통스러운 사실 중 하나는 한 단계씩 진보가 이루어질 때마다 우리 인간들은 우리가 생각했던 것보다 훨씬 더 적게 알고 있었음을 발견하게 되는 일이다.

내가 어렸을 때는 사람이 영혼과 육체로 이루어져 있다고 생각했다. 또한 육체는 시공에 존재하지만 영혼은 시간에만 존재한다고 알고 있었다. 죽음 이후에 영혼이 존재하는가에 대한 의견 차이가 있을 뿐 영혼이 존재한다는 것에는 의문의 여지가 없다고 여겼다.

우리는 육체에 대해선 당연히 그 존재를 자명한 것으로 받아들였고 과학을 하는 사람도 마찬가지였다. 다만 철학자들만이 그때그때의 유행에 따라 육체를 분석하며 육체란 그것을 가진 사람 및 어쩌다 우연히 그를 알아보는 다른 누군가의 마음 속에 든 관념이라고 축소시키곤 했다. 그러나 그러한 철학은 진지하게 받아들여지지 않았고 과학은 심지어 꽤 공인받는 과학자들의 손에서도 편안하게 유물론으로 남아 있었다.

오늘날에는 이 같이 멋진 옛날의 소박함들이 사라졌다. 물리학자들은 물질 따윈 존재하지 않는다 하고 심리학자들은 정신 따윈 존재하지 않는다고 말한다. 구두 수선공이 장화 따윈 존재하지 않는다고 말하는 걸 들어 보았는가? 양복 직공이 모든 사람은 사실 벌거벗은 존재들이라고 주장하는 것을 들어 보았는가? 아니, 그런 일이 있었다 해도 물리학자들이나 일부 심리학자들이 해오고 있는 짓에 비하면 별로 기이할 것도 없을 것이다.

심리학자들 얘기부터 해보자면 정신 활동으로 생각되는 모든 것을 육체 활동으로 격하시키려는 이들이 있다. 하지만 정신 활동을 물질 활동으로 강등시키는 데는 여러 가지 난관들이 존재한다. 이런 난관들이 이겨낼 수 있는 것인지 아닌지에 대해선 아직 어떤 확신을 가지고 말하긴 어렵다.

우리가 물리학에 대해 말할 수 있는 것은 지금까지 우리가 육체라고 불러왔던 것이 사실은 어떤 물질적 실재에도 대응하지 않는 정교한 과학적 구성물에 불과하다는 얘기 정도다. 이렇게 되면 자칭 유물론자라고 하는 이들은 자신들이 기묘한 위치에 서 있음을 발견하게 된다. 스스로 정신 활동을 육체 활동으로 격하시키는 데 어느 정도 성공을 거둔 반면, 육체 자체는 정신이 만들어 낸 편리한 개념에 불과하다는 사실을 설명할 수 없기 때문이다.

결국 우리는 원 주위를 맴돌고 있는 것밖에 안 된다. 정신은 육체의 발현이라 하고 육체는 정신의 고안물이라 하니 말이다. 이 같은 얘기가 지당할 수 없다는 건 명백하다. 그러므로 우리는 정신도 육체도 아닌 어떤 것, 그 두 가지 모두가 솟아나는 원천이 되는 것을 찾아야만 한다.

먼저 육체에 대해 생각해 보자. 보통 사람들은 물질적 객체들이 감각으로 확실하게 느껴지기 때문에 틀림없이 존재한다고 생각한다. 다른 건 의심스러울지 몰라도 당신이 마주치는 것들은 실재임이 분명하다. 이것이 보통 사람의 형이상학이다.

그러나 함께 가는 물리학자는 당신이 그 어떤 것과도 충돌하지 못한다고 주장한다. 심지어 당신이 돌벽에 머리를 부딪힐 때도 실제로 돌벽에 닿지 않은 것이라 한다. 당신이 어떤 것에 접촉한다고 생각할 때, 거기엔 당신의 몸을 이루고 있는 일부 전자와 양성자들이 당신이 접촉하고 있다고 생각하는 그 물체 내의 일부 전자 및 양성자들에 의해 끌어당겨지고 튕겨나가는 현상이 있을 뿐 실제적 접촉은 전혀 없다는 것이다.

당신 몸 속의 전자 및 양성자들이 다른 전자 및 양성자들과 거리가 가까워지면서 동요되고 흐트러지고 그 동요 상태는 당신의 신경을 통해 뇌에 전달된다. 이때 뇌에서 일어나는 활동이 바로 당신이 접촉을 감지하는 데 필요한 것인데 이 감각은 적당한 실험을 통해 멋지게 속아넘길 수도 있다.

그러나 전자 및 양성자들 그 자체는 조악한 근사치에 불과하며 일련의 파동이나 통계적 확률을 하나의 다발로 묶으려는 하나의 방식에 불과하다. 이렇게 해서 물질은 정신을 후려치는 데 적당한 지팡이로 쓰이기엔 너무도 유령 같은 존재가 되어 버렸다. 운동하고 있는 물질은—과거엔 전혀 의심의 여지가 없는 것처럼 보였지만—물리학의 요구엔 대단히 불충분한 개념이 되어 버린다.

그럼에도 불구하고 현대 과학은 영혼 혹은 정신이 실체로서 존재하는지에 대해선 일언반구도 없다. 사실, 정신을 믿지 않는 이유

251

와 물질을 믿지 않는 이유는 본질상 거의 똑같다. 과거에 정신과 물질은 왕관을 차지하려고 싸우는 사자와 유니콘에 유사했다. 그 싸움은 어느 한쪽의 승리가 아닌, 둘 다 문장(紋章) 고안물(사자와 유니콘이 마주보고 있는 형상의 영국 왕실의 문장을 가리킴—역주)에 불과하다는 사실을 발견하는 것으로 끝났다.

세상은 오랜 시간을 견뎌내며 속성이 변해가는 물질로 이루어진 게 아니라 사건들로 이루어진다. 사건들은 인과 관계에 의해 집단별로 분류될 수 있다. 만일 인과 관계들이 한 종류의 것이라면 사건의 집단은 물질적 객체로 불려질 수 있을 것이고, 인과 관계들이 또 다른 종류의 것이라면 그 집단은 정신이라고 불려질 수 있을 것이다.

어떤 사람의 머릿속에서 일어나는 사건들은 모두 두 가지 종류의 집단에 속해 있다. 한 종류의 집단에 속한다고 생각되는 것, 이것은 그의 뇌를 구성하는 요소다. 그리고 나머지 한 종류의 집단에 속한다고 생각되는 것, 이것은 그의 정신을 구성하는 요소다.

결국 정신과 물질 모두 사건들을 편성하는 편리한 방법에 불과하다. 정신 한 가닥 혹은 물질 한 조각, 둘 중에 어느 것이 영구불멸일 거라고 가정할 만한 근거는 없다. 태양은 분 당 수백만 톤의 비율로 물질을 상실해 가고 있는 것으로 추정된다. 정신의 가장 본질적인 특징은 기억인데 어떤 사람의 기억이 그 사람이 죽고난 뒤에도 존재한다고 추정할 만한 근거는 어디에도 없는 것이다.

오히려, 그 반대로 생각할 근거들은 충분하다. 기억은 분명히 뇌의 어떤 구조와 연관되어 있고 따라서 죽음으로 인해 그 구조가 쇠퇴하면 기억도 작용을 멈춘다고 생각하는 것이 사리에 맞기 때문이다. 형이상학적 유물주의를 진실이라고 여길 순 없음에도 불구하고, 이 세계는 유물론자들이 옳다고 가정할 경우 예상되는 세계의 모습과 정서적으로 아주 많이 닮아 있다.

나는 유물론의 반대자들은 늘 두 가지 주요 바람에 의해 움직여 왔다고 생각한다. 하나는 정신이 불멸이라는 것을 입증하고자 하는 바람이고, 또 하나는 우주의 궁극적인 힘은 물질적이라기보단 정신적이라는 것을 입증하고자 하는 것이다. 이 두 가지 측면에 대해선 나는 유물론자들이 옳다고 생각한다.

이 지구상에서 우리의 욕구들이 상당한 힘을 지닌다는 건 사실이다. 만일 인간들이 식량과 부를 추출하려고 이 행성의 땅덩이를 이용해 오지 않았더라면 지금 이곳의 많은 부분이 참으로 다른 모습을 하고 있을 것이다.

그러나 우리의 힘은 아주 엄격하게 제한되어 있다. 현재까지도 우리는 태양이나 달이나 심지어 우리 지구의 내부에 대해선 아무것도 하지 못하고 있다. 따라서, 우리의 힘이 미치지 않는 영역들에서 일어나는 일에 어떤 정신적 원인들이 있을 거라고 가정할 만한 근거는 눈꼽만치도 없다.

간단히 말해, 지구가 아닌 다른 곳에서는 '어떤 존재가 어떤 일이 일어나기를 바라면 그 일이 일어날 것이다.' 라고 생각할 근거는 없다는 얘기다. 그리고 지구상에서 우리의 힘은 지구가 태양에서 끌어오는 에너지 공급에 전적으로 의존해 있다. 따라서 우리는 반드시 태양에 의존해야만 하며 만일 태양이 식어 버린다면 우리의 어떤 희망도 실현하기 어려울 것이다.

과학이 장차 어디까지 이룰 수 있을 것인지를 두고 독단적으로 말한다는 것은 물론 경솔한 일이다. 어쩌면 우리는 인간의 생존 기간을 지금 가능하다고 여기는 것보다 훨씬 더 길게 연장하는 법을 알게 될지도 모른다. 그러나 현대 물리학, 좀더 구체적으로 말해 열역학 분야에 약간의 진실이라도 있다고 본다면 인류가 영원히 계속되도록 바랄 수는 없을 것이다.

이 결론에 대해 어떤 사람들은 비관적이라고 생각할지도 모르겠지만 우리가 우리 자신에게 정직하다면, 지금으로부터 몇 백만 년 후에 일어날 일들은 지금 이 자리의 우리에겐 큰 흥미거리가 되지 못한다는 점을 인정해야만 할 것이다.

그리고 과학은 우리의 우주를 향한 야망을 축소시킨 반면 지구 내에서의 안락은 엄청나게 증대시키고 있다. 과학을 끔찍한 것으로 생각하는 신학자들이 있음에도 불구하고 지금까지 과학이 대체로 용인되어져 온 이유도 바로 그 때문이다.

누구나 자유롭게 게으를 수 있는 세상을 위하여

살구와 게으름

내가 이 책에 실린 수필들을 다시 읽은 것은 프랑스의 르와르 계곡에 살고 있는 한 친구의 정원에서 한가로운 시간을 보낼 때였다. 그 정원에는 아주 오래된 옹이투성이의 살구나무가 한 그루 서 있었다. 나이를 많이 먹어 둥치가 쩍 갈라진 데다 향기로운 열매의 수확도 불과 몇 년 전에 비해 형편없이 줄어들고 있었다.

그러나 잎 많은 나뭇가지들은 여전히 넉넉한 그늘을 드리우고 있어 나는 복숭아와 살구가 서구로 오게 된 내력을 다룬 버트란드 러셀의 글을 그 아래에서 즐거운 마음으로 읽을 수 있었다.

1935년에 첫 발표된 그의 수필 '무용한 지식'에 나오는 얘기다. 맨처음 한왕조 시절의 중국에서 수확되던 그것들은 이어 인도에서 재배되어졌고 다시 현재의 이란에 해당되는 지역으로 전파되고 마침내 로마에까지 이르렀다. 러셀은 이에 그치지 않고, '살구(apricot)'는 일찍 익는 과일이기 때문에 'precocious(발육이 빠른)'에 해당하는 라틴어에서 그 어원을 추적해 볼 수 있다는 얘기까지 들려준다. 맨앞의 'a'는 실수로 덧붙여졌단 것이다.

러셀은 소위 '무용한' 지식이, 우리가 그것을 몰랐더라면 놓쳐 버렸을 환희의 감각으로 우리의 경험을 고양시키고 풍부하게 만듦으로써 과일의 맛을 더 달콤하게 만들어 줄 수 있다는 것을 보여 주기 위해 살구의 예를 들고 있다. 내가 프랑스의 한 정원에 앉아 그 부분을 읽으면서 맛보았던 '정신적 쾌감'은 그가 말하고자 했던 것을 너무도 생생하게 느끼게 해주었다. 이 과일의 간략한 역사와 대충의 어원을 아는 것만으로도 살구 맛은 더 달콤해지고, 햇살은 더 밝게 빛나고, 내 이해는 더 높아졌다.

'무용한' 지식은 살구의 역사처럼 사소해 보이는 부분에서까지 개인들에게 커다란 즐거움을 줄 수 있다. 그러한 지식의 추구를 가능케 해주는 것은 바로 '사색하는 습관'인데 여기에는 게으름이 요구된다. 사람은 게으를 수 있을 때 비로소 마음이 가벼워지고, 장난도 치고 싶어지고, 스스로가 선택한 건설적이고 만족스러운 활동들에 전념할 수 있기 때문이다.

러셀은 가벼운 마음으로 놀 수 있는 그러한 기회들이 아동 교육에서 특히 더 중요하다고 믿고 있다. 그런 기회를 갖지 못할 경우, 노곤하고 불쾌하고 파괴적인 아이로 성장하며 자기 인생에서 보다 깊고 폭넓은 목적들을 이해하는 능력까지 빼앗겨 버릴 것이기 때문이다.

자기 표현의 기회를 가지는 것은 성인에게 있어서도 마찬가지로 중요하다. 그러한 기회들은 개인들로 하여금 지식 자체의 가치 뿐 아니라 자신의 경험의 질을 제대로 인식할 수 있게 해주기 때문이다. 예를 들어, 만일 내게 살구나무 아래서 보냈던 그 게으름의 시간이 없었더라면 나는 지식의 본질적 가치를 그처럼 적절하게 제시한 러셀의 논리를 제대로 이해하지 못했을 것이다.

그러나 이런 류의 경험은 오늘날까지도 대다수 사람들에겐 그림의 떡이다. 그들에겐 '무용한' 지식을 추구하며 빈둥댈 돈도 여가도 없다. 그들은 러셀이 말하는 '효율성 숭배'에 사로잡혀 있다. 따라서 지식의 경제적 혜택 혹은 그러한 혜택이 가져오는 타인 위에 군림하는 권력의 증대만이 가치 있는 것으로 여겨진다.

게으름을 부려도 좋을 만큼의 자원을 가진 운좋은 사람들은, 큰 지배력을 가질 순 있지만 인생의 폭넓은 목적들에 대한 반성적 이해를 할 수 없게 만드는 '정력적인 활동'에 눈이 멀어 게으름을 냉대하기 일쑤다.

러셀은 이 같은 '도구적' 지식관을 해로운 것으로 본다. 가치를 그것이 기초하고 있는 근거가 아닌 결과에만 입각해 평가하기 때문이다. 그러한 시각으로 인해 부와 권력은 최상의 가치로 여겨지는 반면 게으름과 사변적 지식은 빈둥빈둥 노는 것으로 비쳐진다.

이 문제에 대해 러셀이 제안하는 해결책은, 기술 문명의 발달로 노동을 현명하게 재구성한다면 이제 일반 대중도 게으름을 누릴 수 있다는 전제에서 출발한다. 대체로 노동을 구성하는 바쁘고 도구적인 활동들보다 게으름이 더 높게 평가받을 수 있다면 게으름은 바람직할 뿐 아니라 대다수의 사람들도 누릴 수 있는 권리가 될 것이다.

현대의 기술은 임금의 저하나 실업을 동반하지 않고도 하루 4시간 노동을 가능하게 해준다. 그렇게 되면 남녀 누구나가 각자 선택한 활동들을 자유롭게 추구할 수 있을 것이고 노동의 압제에서 해방될 것이라고 러셀은 말한다.

현재로선 나와 같은 대학 교수들이나 안식년에 누릴 수 있는 게으름을 노동 계층이든 전문 직업 계층이든 모두가 누릴 수 있다. 물론 그 여가를 돈을 벌거나 타인 위에 군림하는 권력을 차지하기 위해 써 버리는 사람들도 있을 것이란 사실은 러셀도 인정한다. 그러나 숙고할 수 있는 활동(예를 들면 낚시, 원예, 운동 같은)에 여가를 바치는 사람들과 더 나아가 여러 다양한 공동 작업들에 관심을 가지게 될 사람들도 있을 것이다.

러셀이 주장하는 핵심은 노동이 인생의 목표가 아니라는 것이다. 만일 그것이 인생의 목표라면 사람들은 노동을 즐길 것이다. 그러나 대체적으로 볼 때 실제 노동하는 사람들은 틈만 나면 일을 피하려 한다. 오직, 타인에게 일을 시키는 사람들만이 노동의 가치를 찬양한다. 만일 게으름, 놀이, 사변적 지식을 향유하는 능력이 그 자체로 가치를 인정받는다면 러셀이 제안한 개혁들이 수행될 수 있다.

'게으름 찬양'의 목적은 '즐겁고, 가치 있고, 재미있는' 활동들을 누구나 자유롭게 추구하는 세상을 만들고자 하는 데 있다.

관용이냐 비이성이냐

이 책에는 관용, 평화, 개인의 자유 및 사회적 조화로 가는 균형 잡힌 방법에 대한 러셀의 끊임없는 관심이 반영되어 있다. 자신이 쓴 서문에서 그는 이런 것들과 대비되는 것으로 광신적 비이성, 전쟁, 실용주의를 들고 있는데 흔히, 현실에서는 이런 것들이 세력을 떨치고 있게 마련이다.

이 시점에서 요구되는 무난한 갈등 해결책은 '차분한 숙고', '도그마에 적극적으로 이의를 제기하는 태도', '모든 다양한 관점들에 공정할 수 있는 정신적 자유'를 기초로 하고 있다. 사실상 이같은 '일반 논제들이 이 책의 글들을 하나로 묶으면서' 러셀의 기타 사회, 정치, 교육에 관한 저술들과 공유되는 일관성을 제공해 주고 있다.

러셀에 의하면 사색하는 습관은 갖가지 도그마를 피하고 여러 다양한 관점을 표출하게 함으로써 실험적이고 공평한 태도로 모든 의문들을 고려할 수 있게 해준다. 진리에 도달하고자 하는 수학자, 물리학자, 철학자들에게 새로운 증거로 이어지는 열린 마음을 고양시켜 주는 것이 과학적 방법이듯이, 다른 관점들과 자신의 관점이 충돌할 때조차도 사람들로 하여금 자유로운 표현을 받아들일 수 있도록 격려하는 것이 바로 사색적 습관이다.

바로 이 같은 다양한 관점의 논의 속에서 보다 포괄적이고 이상적인 사회 정의에 근접하는 결론에 도달할 수 있기 때문이다. 따라서 사색적 습관에 기초한, '무용해' 보이는 지식에의 접근이야말로 지극히 '유용하다'는 것이다.

러셀은, 무반성적인 활동에 몰두하면서 사고의 조직화를 부르짖는 현대의 경향이 그가 추구하는 다양한 관점의 자유로운 표현 및 그에 대한 관용적 태도를 위태롭게 하지 않을까 우려한다.

러셀은 '현대의 획일성'이란 글에서, 1930년 자신이 미국을 방문했을 때 경험한 여론의 획일화 현상들을 분석하고 있다. 교회, 신문, 라디오, 영화에 의해 조장되어진 사고와 여론의 획일성이 위험 수위에 달해 있음을 경고한다. '누구나, 성공한 고위급 인사들의 본에 맞추도록 기대되고 있기' 때문에 각 분야의 전문가란 사람들조차도 시각이 똑같았다.

이런 사회적 응집의 진정한 위험성은 소수에 대한 불관용, 모든 분야에서 획일성을 선호하는 데서 오는 질적 저하, '다소 떠들썩한 국가주의'의 등장, '정체화' 될 위험, 다시 말해 대안적 관점이나 행동을 고려하지 않은 결과 형성되는 보수적 태도에 있다고 지적한다. 동시에 러셀은 유럽도 똑같은 방향으로 나아갈 가능성이 있다고 암시하는데 이는 오늘날에도 상당한 설득력 있는 경고라고 하지 않을 수 없다.

러셀이 특히 반대하는 두 가지 도그마는 파시즘과 공산주의다. 이 두 체제는 경험적 증거나 사회 정의, 그 어느 기준에 의해서도 정당화될 수 없는 극단적인 입장을 택하는 것이 얼마나 위험한지를 입증해 준다. 또한 이 도그마들은 순종적이면서도 한편으론 격렬한 행위를 선호하며 사고의 조직화로 나아가는, 지금까지 고안된 것 중에 가장 치명적인 형태를 보이고 있다.

더욱이 파시즘은 방법과 목표, 모두 비인도적이기 때문에 두 도그마 중에서도 더 심각하다. '내가 공산주의와 파시즘을 반대하는 이유'에서 러셀은, 파시즘은 완전히 비민주적이고 반유대적이어서 노동자, 유대인, 기타 소수들의 권리를 조직적으로 박탈한다고 지적한다. 또한 그 신봉자들의 주장에도 불구하고 파시즘은 자본주의 사회의 문제를 결코 해결할 수 없다.

파시즘은 비이성에 호소하고 지속적인 권력의 안정을 꾀함으로써 이러한 해악들을 뒷받침한다. 러셀은 '이성의 몰락, 니체와 히틀러'란 글에서 이 같은 특징들을 분석하고 국가 사회주의의 역사적 뿌리를 추적하여 19세기 초반 철학자 피히테의 '독일 국민에게 고함'까지 거슬러 올라간다.

피히테는 독일이 다른 모든 민족보다 우수한 근거로 독일어의 순수성을 내세우면서 개인의 의지를 국가의 의지에 일치시킴으로써 '독일인들을 하나의 기업체로 빚어낼' 국가적 교육 체계를 주장한다. 이러한 사고 방식은 이탈리아에선 마치니, 영국에선 카알라일과 사이비 다윈주의자들, 독일에선 나치 세력에게 다양한 방식으로 계승되었다.

그러나 각자 그들의 뿌리는 자국 내에 있었다. 볼셰비키 체제에 위협을 느낀 각국의 주요 산업 및 군부 세력이 급속한 사회 개혁으로 인해 박탈감을 느끼는 각종 사회 계층의 다수 인구들으로부터의 지원을 모색했기 때문이다. 이러한 상황의 불행스런 결탁이 국가 사회주의자들이 득세할 수 있는 계기를 마련해 주었고 러셀은 이 사실을 통찰력 있게 관찰하고 있다.

공산주의에 대해 러셀은 계급 없는 사회를 만든다는 목적 자체에는 동조한다고 말한다. 그러나 그러한 사회를 세우기 위해 무력 혁명을 수단으로 삼는 것은 반대한다. 그러한 방법은 필시 평화가 아닌 독재를 낳을 것이기 때문이다. 그의 이러한 관점은 1920년에 러시아를 방문하고 온 후 볼셰비키 혁명에 대해 내린 자신의 평가에도 일부 기인하지만 그가 '내가 공산주의와 파시즘을 반대하는 이유'에서도 열거하고 있듯, 러셀은 이론적으로도 마르크스 이론에 반대하는 입장에 서 있다.

'사회주의를 위한 변명'에서 건전하고 합리적인 사회를 언급하면서 러셀이 다소 온건하게 자기 주장을 내세우는 것은 당연한 현상이다. 특히 그는, 시민 다수의 지원하에 평화적으로 사회주의로 이행하는 방법을 권하고 있다.

261

그는 사회주의란 토지, 자본, 광물 등의 경제적 소유권과 보편적 민주주의 양자 모두가 그 사회의 공공 기관들에 속해 있는 사회라고 정의한다. 그는 이 두 가지 핵심 요소들을 조화시킴으로써 민주주의적 사회주의야말로 공산주의와 파시즘에 대한 현실적인 대안이란 점을 보여 주려 한다.

모든 사람이 게으름을 향유할 수 있기 위해선 하루 4시간 노동이 반드시 이루어져야 한다는 점을 그는 누차 강조한다. 사실 러셀이 진심으로 말하고 싶은 것은, 무기의 낭비적 생산과 그에 동반되는 국가주의, 혹은 '비이성 숭배' 이데올로기를 일소할 수 있다면 그와 같은 경제적 개혁은 손쉽게 이뤄질 수 있다는 것이다. 그러한 개혁은 민주주의적 사회주의 사회에서 편안함을 느낄 수 있는 전문가 계층 및 노동자 계층, 모두에게 설득력을 가질 것이다.

그밖에 러셀이 말하는 민주주의적 제안 속에는 여성, 특히 노동 계층 여성들의 노예화된 가사 노동으로부터의 해방에 관한 것이 있다. 그는, 1930년대 당시 가정 밖의 직업에 종사하고자 하는 전문 여성들의 수가 증가하고 있다는 사실에 박수를 보내긴 하지만 노동 계층 여성들에게도 똑같은 기회를 제공할 수 있는 것은 오직 사회주의로의 개혁 밖에 없다고 보았다.

'건축에 대한 몇 가지 생각'에서는 노동자 가족들이 우중충하고 복닥거리는 비위생인 공간들에 사회적으로 고립되어 있기 때문에 여성의 사회 경제적 참여가 어려워지고 있다고 주장한다. 햇빛 잘 드는 중앙 뜰과 보육원, 공동 취사와 공동 식당, 레저 공간이 갖춰진 공동 건물이 공공 기금으로 제공된다면 여성들도 생계비를 버는 동시에 가족들과 떨어져 어느 정도의 여가를 누릴 수 있게 될 것이다.

또한 그들의 자녀들도, 보다 자상한 보살핌 속에, 보다 양질의 식사를 제공받으면서, 건강하고 호기심 많은 아동으로 자라는 데 꼭 필요한 활동의 자유를 누릴 수 있게 된다.

이 부분에서 러셀은 자신이 도라 러셀과 함께 '두려움 모르는 자유'와 '평화로운 협력'이란 이상을 내걸고 세웠던 '비콘 힐'과 같은 학교를 염두에 두었던 듯하다. 비록 그 학교 경영은 실패로 끝났지만 러셀은 그 이상까지 포기한 것은 아니었다.

사실, 교육이야말로 이 책의 중심적인 관심사다. 지식과 배움과 지혜가 그 자체로서 평가받을 수 있으려면, 또한 게으름과 놀이와 여가가 일을 대신하는 가치 있는 활동들로 인정받기 위해서는, 급진적인 교육 개혁이 요구된다. 예를 들어 '무엇을 어떻게 가르쳐야 하는가'란 글에서 러셀은 교육이 이 같은 다양한 이상들에 기초할 경우 과연 어떤 모습을 띠게 될 것인가에 대한 밑그림을 그려 보인다.

우선, 그는 교사들의 일을 현재보다 훨씬 줄여야 한다고 제안한다. 제아무리 '아이들을 좋아하는 천성'의 교사라 하더라도 그들이 하는 일의 성격상 그런 성품은 곧 질식되어 버리기 십상이기 때문이다. 교사에겐 하루 두 시간의 가르침이면 충분하며 그 위에, 교사들도 아이들의 요구에서 잠시 떠나 사회적 접촉을 가지고 다른 종류의 일도 해볼 수 있도록 하는 방안이 덧붙여져야 한다.

그렇게 함으로써 교사들은 건강한 교육적 관계에 필요한 '애정'과 '아이들과 함께 있는 것만으로도 즐거운 느낌'을 계속 유지할 수 있을 것이다. 러셀의 이런 제안들이 얼마나 선견지명이었는가는 최근 캐나다. 프랑스, 미국의 교사 협회들에 의해 그의 안이 수용되고 있는 사실에서 입증된다.

교사가 '아동의 중요한 욕구들에 동조' 하는 것이 가능해지는 이 같은 새로운 환경에서는 교사의 권위와 아동의 자유 사이에 적절한 균형이 이루어질 수 있다. 아동의 충동을 키워주고, 가치 있는 사회적 활동들로 그들을 안내하는 자상하고 재치 있는 방법을 통해 교사의 권위가 형성된다.

한편, 아동의 자유는 활기찬 충동에서 생겨나게 된다. 그러나 그러한 충동을 건설적인 쪽으로 이끌기 위해선 자기 단련에 필요한 간접적 영향을 아동에게 제공할 수 있어야 한다. 그렇게 될 때 아동들은 학습에 필요한 습관, 장기적 목표 달성, 자신의 충동 범위의 확대라는 결과들을 얻을 수 있다. 존 듀이나 알프레드 노스 화이트헤드와 마찬가지로, 러셀은 진정으로 효과적인 훈육이란 아동 내부로부터 나오는 것이라고 믿고 있다. 또한 '금욕주의에 대하여' 에서 그가 분명히 보여주듯, 교사와 부모가 권위를 편협하게 행사하는 것이야말로 아이들의 진정한 자기 단련 개발에 치명적인 요소라고 비난한다.

이와 같이 활기찬 충동 속에서 훈육된 아동은 자신이 듣는 것에 대해 훈련된 방식으로 의문을 갖는 법을 배울 것이다. '현대판 마이더스' 에서 러셀은, 교육은 대중으로 하여금 금 본위제와 같은 중차대한 문제에 있어 전문가들의 판단에 의문을 제기할 수 있도록 만들어 주어야 한다고 주장한다.

자기 단련 방식으로 교육된 대중은 증거에 입각한 해답들을 추구해 가는 과정에서, 사색하는 습관을 통해 기존의 지혜들이 지닌 결점들을 찾아낼 수 있을 것이다. 이런 방식이 확립될 때 전문 지식

264

으로 가장한 비이성은 뿌리째 뽑혀지게 될 것이다. 시민들의 그러한 비판적 사고 능력에 방해가 되는 교육 제도라면 그것은 '성공적인 민주주의로 가는 데 장애물'로 남을 것이다.

마지막으로 러셀은 단일 세계 정부의 확립을 통해 가능한 국제주의를 제시함으로써 학교와 사회 양면에서 '비이성 숭배'의 주요 원인이 되고 있는 국가주의에 도전한다. 그는 오직 세계 정부의 확립에 의해서만 관용과 국제적 이해가 진정으로 꽃피워질 수 있다고 주장한다. 예를 들어, 학교나 대학의 경우라면, 국가주의적 경향을 완전히 청산하기 위한 일환으로 역사위원회를 국제적 수준에서 조직해 모든 역사 교과서들을 정정할 수 있을 것이다.

평화의 도구가 될 세계 정부는 한 나라 혹은 몇몇 나라들이 전 세계를 정복함으로써 창출될 수 있다고 보는데 러셀의 기타 저작들에서 전개되고 있는 이 같은 파라독스는 '서구의 문명을 어떻게 볼 것인가'에서 슬쩍 비추고 있다.

세계 정부가 독점적 무력권을 확보하게 되면 국가간의 전쟁은 중단될 것이고 평화로운 공존이 보장될 것이다. 『교육과 사회 질서』(1932)에서 러셀은 그러한 안정의 대가로 어쩌면 개인의 자유는 오랜 기간 억제될지도 모른다고 인정하지만 그러나 그것은 세계 평화를 위해 지불할 가치가 있는 대가라고 주장한다. 이 같은 입장은 표현의 자유에 대한 자신의 헌신을 아주 위태롭게 만들어 버릴 수도 있었기 때문에 러셀은 '우리 시대 청년들의 냉소주의'에서는 표현을 좀 바꿔서, 문명은 국가주의적 반목이 억제되어질 때에만 진리와 미의 추구란 형태로 융성할 수 있다고 암시한다.

한편, 그는 세계 정부를 확립하고 유지하기 위해 치러야 할 고통을 전혀 고려하지 않고 있다. 국가주의란 비이성을 절멸시키고픈 열망 때문에 러셀은 자기 자신의 비이성을 용인하고 있다. 그가 말하는 세계 정부란 것이 소비에트 제국이 소멸된 후 등장한 유엔이 주요 서구 강국들의 도구로 전락해 버린 현재의 세계와 같은 모습인지도 모른다고 생각하면 아이로니컬하다.

내가 이 글을 쓰고 있는 지금(1995년 가을)도, 나토 전투기들은 사라예보 부근 보스니아 세르비아인들에게 포탄을 퍼붓고 있고, 미국 전함에서는 크루즈 미사일들이 쏘아 올려지고 있다. 그러나 구 유고슬라비아에 평화나 민족 상호간의 이해가 가까워지고 있는 조짐은 전혀 보이지 않는다. 나토나 미국의 그러한 행위들이 세르비아인들과 크로아티아인들 각자의 적개심만 가중시키고 있기 때문이다.

러셀이 이 시대에 살았더라면 당연히 서구 강대국들의 행동을 비판하고 나왔겠지만 국가주의란 비이성을 뿌리뽑기 위해 고안된 그 자신의 세계 정부론이 전쟁의 정당화에 악용될 소지가 있다는 것을 인정해야 했을 것이다.

어떤 종류의 게으름인가

'게으름에 대한 찬양'이 지닌 명백한 유토피아적 성격은 일부에 의해 중대한 약점으로 지적되고 있다. 예를 들어, 임금을 삭감하지 않고 어떻게 하루 4시간 노동을 이뤄낼 수 있는가? 이것은 보편적인 게으름을 가능하게 만드는 필수 조건으로서 그렇게 하자고 선동하는 말처럼 들릴 수도 있다.

그러나 이러한 비판은 러셀이 주장하는 핵심을 놓치고 있는 것이다. 러셀은 노동을 더 이상 최고 가치로 여기지 않는 세상이 보다 행복한 세상일 것이라고 암시하고 있을 뿐이다. 그는 신기술이 약속한 게으름의 증대가 실제로 실현된 좀더 여유로운 사회의 가능성을 탐색하고 있는 것이다.

노동에 대한 그의 정의를 정보 분야와 관련해 오늘날에 적용시켜 보면 그의 주장은 새로운 컴퓨터 및 정보 기술이 최초로 작업장에 도입되었을 때 공언되었던 목적을 반복해서 요약하고 있다. 그러한 신기술들은 작업을 용이하게 하고 만인에게 보다 큰 여가를 줄 것으로 생각되었다.

그러나 오늘날 그것들은 작업 단계를 감시하고 노동 시간을 연장시킴으로써 생산성을 향상시키는 데 사용되고 있다. 신기술로 인해 게으름 피워볼 기회가 늘어나기는커녕 일하는 사람들은 더 많은 일을 하게 되고, 실업자는 더욱 늘어나 무모한 게으름만을 강요하고 있을 뿐이다.

효율과 최저 라인의 측면에서 측정되는 생산성이야말로 모든 작업을 평가하는 유일한 기준이 되어가고 있다. 이러한 관점의 위험성에 대해 러셀은 '게으름에 대한 찬양'에서 다음과 같이 경고하고 있다.

"이익을 낳는 것만이 바람직한 행위들이라는 시각이 모든 것을 전도시켜 버렸다."

달리 말해, 우리에겐 이윤 동기 이외에, 노동을 비롯한 모든 인간 활동을 판단하는 기준이 될 새로운 가치들이 필요하다. 자유롭게 누릴 수 있는 게으름의 진가를 인정하지 못하는 사회는 휴머니티에 등을 돌려 버린 사회다.

물론, 러셀이 게으름의 중요성을 주장한 유일한 사람은 아니었다. 체코의 극작가이자 수필가, 철학자로서 유명한 반파시스트였던 칼 카펙(1890~1938)도 1923년에 '게으름 찬양'이란 제목의 짧은 글을 발표한 바 있었다. 그의 글은 1935년에 처음 영어로 번역되었는데 바로 그해 러셀의 책도 발표되었다.

카펙은 흔히 게으름과 비교되는 나태, 휴식, 시간 보내기, '죄악의 근원', 약간의 기분 전환에 이르기까지의 여러 상태들과 게으름을 구분한다. 그가 보는 게으름이란 '시간 보내기도 시간 늘이기도 아닌', '사람이 정신 팔 것이 아무것도 없는 상태'에 가까운 것으로서 '가만히 서 있는 것'과 같은 것이다. 그는 게으름의 리듬을 '수초에도, 진흙에도, 모기들에게도 생명을 주지 않으면서' 고여 있는 물에 비유한다. 그러나 그것은 '모든 것에 약간씩 다르고 거리가 있는 또 다른 세계'에 와 있는 느낌을 불러일으킨다. 다시 말해, 사람이 활력을 얻으면서도 '완전히 무용한 것을 할' 준비가 갖추어진, 거의 명상 상태에 가까운 것이다.

러셀의 '사색적 습관'은 카펙이 묘사하는 것과 같은, 세계로부터의 완전한 철수 상태와는 약간 다르다. 그가 생각하는 게으름은 무위라기보다는 여가와 재미있는 사색의 결합쪽에 가깝기 때문이다. 그럼에도 불구하고 게으름의 목표는 '무용한 지식' 혹은 '완전히 무용한 것'이고, 따라서 보다 많은 사람들이 그것을 누릴 기회를 가져야 한다는 데는 두 사람 모두 동의한다.

러셀과 마찬가지로 과거 러셀의 스승이자 친구인 철학자 알프레드 노스 화이트헤드도 현대 세계에는 기쁨과 자연스런 즐거움이 지나치게 적다고 생각한다. 교육의 경우, 그가 '로맨스'라고 부르는 '발견의 기쁨'은 학교에서 질식되어 버리는 수가 허다하다. '정확성'도 물론 필요하지만 '보편화' 혹은 추상적인 관념을 구체적인 사실들과 결부시키는 능력을 꽃피우기 위해서는 그러한 정확성을 위한 시간은 짧게 가져야 한다.

화이트헤드의 이러한 생각은 각각의 학생이 자신의 생각을 최대한으로 표현하면서 성장할 수 있도록 학생들에게 반성적 게으름을 고취시켜야 한다고 보는 러셀의 목표와 일맥상통한다.

같은 이유로 해서 화이트헤드는 현대의 기업들이 문명화된 사회의 특징인 두 가지 기본적인 활동을 부정함으로써 인간의 정신을 죽이고 있다고 본다. 그 두 가지 활동이란 장인 정신과 미적 감상력이다. 공장 생산으로 초래된 획일성으로 인해 생산자에게서도 소비자에게서도 표정을 찾아볼 수 없다. 이렇듯 기업들이 인간 본능의 자유로운 표출을 조장하는 데 실패함으로써 '인간적 충동의 결핍, 기회 거부, 이익 행위만의 추구'라는 결과를 낳는다.

화이트헤드는 노동 시간의 단축을 주장하는 데까지 나아가진 않지만 다국적 기업에 의해 야기되는 노동과 여론의 획일화에 대한 러셀의 반감에 확실하게 동감한다. 사실, 두 사람의 시각은 일반적으로 생각하는 것 이상으로 근접해 있다. 이것은 어쩌면 두 사람이 『수학 원리』(1910~1912)를 공저하면서 10년 넘게 서로 주고받았던 영향이 거기에서 끝나지 않았기 때문인지도 모른다.

어쨌거나 러셀은 1930년대의 절박한 사회 문제들을 분석하여 『게으름에 대한 찬양』에 실린 15편의 수필을 썼고, 그러한 분석 작업은 그가 임종을 맞을 때까지 끊임없이 추구한 일이었다. 모든 글에서 명쾌함과 기지가 넘치고 완벽한 언어 구사력을 발휘하고 있다

는 점에서 그가 영국과 유럽뿐 아니라 미국, 아프리카, 아시아에서
까지 폭넓게 읽혔던 이유를 짐작할 수 있다. 그러한 뛰어난 자질 덕
분에 1951년 노벨 문학상을 수상하기도 했다.

그러나 러셀을 단순히 훌륭한 문장가로 생각하면 큰 오산이다.
이 책의 수필들에 담긴 그의 생각들은 그 자신의 시대뿐 아니라 우
리의 시대에도 탁월한 빛을 발하기 때문이다.

캐나다의 Saskatchewan 대학 교수

하워드 우드하우